Rudolf Schubert

Geschichte der Könige von Lydien

Rudolf Schubert

Geschichte der Könige von Lydien

ISBN/EAN: 9783743638372

Hergestellt in Europa, USA, Kanada, Australien, Japan

Cover: Foto ©ninafisch / pixelio.de

Weitere Bücher finden Sie auf **www.hansebooks.com**

Geschichte

der

Könige von Lydien

von

Dr. Rudolf Schubert,

Privatdocent an der Universität Königsberg.

Breslau.

Verlag von Wilhelm Koebner.

1884.

Franz Ruehl

und

Arthur Ludwich

dankbar gewidmet.

Ueber das alte Lydien haben, unseren Nachrichten zufolge, drei verschiedene Dynastien geherrscht, nämlich die Atyaden, die Herakliden und die Mermnaden. Aus dem Hause der Atyaden ist uns eine ganze Reihe von einzelnen Königen bekannt, von den Herakliden kennen wir nur die ersten und die fünf letzten, und über die Mermnaden besitzen wir wieder eine Ueberlieferung, die so reichlich ist, wie man es von einer Ueberlieferung über das sechste und siebente Jahrhundert v. Chr. überhaupt nur erwarten kann. Die Lücke in der Geschichte der Herakliden hat nach den Vorstellungen der Alten einen sehr bedeutenden Umfang gehabt, da Herodot I, 7 den Herakliden im Ganzen 22 Könige mit einer gesammten Regierung von 505 Jahren giebt. Der erste nach der Lücke regierende König wird in die Zeit der ersten Olympiade gesetzt, und somit würden dann die letzten Könige vor der Lücke wohl spätestens erst um die Zeit der Eroberung von Troja ihren Platz erhalten haben. Eine ähnliche Lücke wie in der Geschichte Lydiens findet sich bekanntlich auch in der älteren Geschichte der einzelnen griechischen Staaten, und ebenso wie dieselbe hier allemal Sage und wirkliche Geschichte von einander scheidet, ist es auch in der lydischen Geschichte der Fall. Auch in dieser kommen wir erst bei den fünf letzten Herakliden auf wirklich historischen Boden, während wir in Allem, was jenseits der Lücke liegt, kaum etwas Anderes vor uns haben als mythische Könige und erdichtete Thaten.

Die Reihe der mythischen Könige wird eröffnet durch Lydos, den Sohn des Atys (vgl. Xanth. fr. 1, bei Müller F. H. G. I, 36, und Herod. I, 7). Selbstverständlich hat man diesen König nur erfunden, um einen Eponymos der Lyder aufzustellen, aber die Erfindung rührt nicht etwa erst von den Griechen her, sondern geht schon in uralte Zeit zurück: denn bereits in der Genesis erscheint Lud als Sohn des Sem und somit als Ahnherr eines semitischen Volkes, vgl. cap. 10, v. 22: „Und dies sind seine Kinder: Elam, Assur, Arphachsad, Lud und Aram". Ein

1

Bruder des Lud wird auch von Xanthus erwähnt, es ist dieses aber nicht einer von Denen, welche die Bibel nennt, sondern er führt den Namen Torrhebos und ist Stammvater der mit den Lydern eng verwandten Torrheber. Davon dass Lydos ein Sohn des Sem war, haben die Lyder selbst natürlich nichts gewusst, sondern diese machten ihn vielmehr zum Abkömmling des bei ihnen einheimischen Atys, der der Sohn (oder Enkel) des Gottes Manes war, und führten auf diese Weise den Stammbaum der Könige ihrer ältesten Dynastie direct auf einen Gott zurück. — Nach der Aufstellung des Eponymos lag es nahe, zu fragen, welches denn der ursprüngliche Name der Lyder gewesen sei, und auf diese Frage gab man, wie aus Herod. I, 7 zu ersehen ist, die Antwort, dass vor den Zeiten des Lydos das ganze lydische Volk den Namen Mäonier geführt habe. Herodot's Angabe findet in der Ilias B. 864 — 66 eine so wichtige Bestätigung, dass an ihrer Richtigkeit im Allgemeinen nicht zu zweifeln ist. Wie sie zu deuten ist, hat meines Erachtens schon Reiner Reineccius richtig erkannt, der in seinem 1594 erschienenen Werke Historia Julia sive syntagma heroicum Bd. I, S. 202 ausspricht, dass ursprünglich die Mäonier die Herren des Landes gewesen sind, und dass dann später die Lyder in dasselbe einwanderten und die Mäonier entweder unterwarfen oder aus ihrem alten Besitze vertrieben.

Nächst Lydos wird uns Alkimos als alter König von Lydien genannt. Xanthus erwähnt ihn fr. 10 und erzählt, dass er sehr gottesfürchtig und fromm war, und dass unter seiner Regierung tiefer Friede und grosser Wohlstand herrschte und Furcht und Nachstellungen einem Jeden unbekannt waren. In Folge dessen wäre das ganze lydische Volk, nachdem er sieben Jahre regiert hatte, zu ihm gekommen und hätte gebetet, dass ihm noch weitere sieben Jahre zum Besten der Lyder möchten beschieden werden. Diese Gebete wären in Erfüllung gegangen, und daher hätten die Lyder in jener Zeit beständig in grossem Glücke und Wohlstande gelebt. Dass diesen Schilderungen von der Zeit des Alkimos irgend etwas Wahres zu Grunde liege, ist kaum zu glauben; denn gewiss sind in denselben nur Vorstellungen, welche sich die Lyder von einem früheren goldenen Zeitalter gemacht haben, zum Ausdruck gebracht (vgl. Duncker Gesch. d. Alterth. I ^ S. 480). Nicht verschieden von Alkimos ist Alkimios, den Nicolaus von Damascus fr. 49 (F. H. G. III, 382) als den besten König von Lydien bezeichnet. Inwieweit die Form Alkimios der ursprünglichen lydischen Namensform entspricht, lässt sich nicht entscheiden, in der Form Alkimos aber haben wir ein rein griechisches Wort vor uns, obwohl in dem Berichte über diesen König die Gruppirung der Jahre nach der Siebenzahl ein Indicium für eine ursprünglich orientalische Ueberlieferung ist.

Als einen weiteren alten König hat Xanthus fr. 23 und ihm folgend Nicolaus fr. 26 den Akiamos genannt. Derselbe soll einen Feldherrn Namens Askalos gehabt haben, der einen Kriegszug nach Syrien unternommen und dort eine Stadt gegründet hat, der er nach sich selbst den Namen Askalon gab. Maspéro, Geschichte der morgenländischen Völker im Alterthum, übers. v. R. Pietschmann, S. 475 hat den König Akiamos mit dem oben genannten Alkimos identificirt, was mir sehr unsicher zu sein scheint, da erstens die Namensähnlichkeit keineswegs bestechend ist, und zweitens auch der Kriegszug nach Syrien mit der εἰρήνη βαθεῖα unter Alkimos nicht sonderlich im Einklang steht. Denn wenn auch dieser Kriegszug in Wirklichkeit nie stattgefunden hat (vgl. Rawlinson History of Herodotus Bd. I, S. 293, Anm. 3), so lässt es sich doch andererseits nicht denken, dass derselbe Xanthus, der den Kriegszug erwähnt hatte, dann von dem tiefen Frieden unter der Regierung des Alkimos überhaupt noch hätte sprechen können.

Als Gründer der Hauptstadt Sardes hat Herodot I, 84 einen König Meles genannt. Demselben hatte ein Kebsweib einen Löwen geboren, den er auf Weisung der telmessischen Seher rings um die Mauer der Stadt Sardes tragen musste, um sie dadurch uneinnehmbar zu machen. Nachdem er seine Aufgabe fast vollständig ausgeführt hatte, ersparte er sich das Herumtragen schliesslich an einer Stelle, welche von Natur so stark befestigt war, dass er einen Angriff auf dieselbe für ganz unmöglich hielt, und dieses hatte zur Folge, dass später bei einem Angriffe des Cyrus auf die Stadt gerade an dieser Stelle die Mauer derselben von den Persern erstiegen wurde. Die Erzählung Herodot's kommt ganz und gar auf eine Verherrlichung der telmessischen Seher hinaus. Jedenfalls ist sie in der hier mitgetheilten Fassung in Telmessos selbst entstanden und von hier aus (ähnlich wie die I, 78 mitgetheilte telmessische Erzählung) in Herodot's nahe liegende Geburtsstadt Halicarnass importirt. Als telmessische Zuthat haben wir bei Herodot natürlich zu streichen, dass Meles auf Anweisung der Telmesser handelte, und ferner, dass er beim Herumtragen des Löwen einen Theil der Mauer ausliess, und dann bleibt als Rückstand eine alte Sage, wonach Meles die Stadt Sardes bei ihrer Gründung unter den Schutz des Gottes Sandon gestellt hat, indem er mit dem ihm geheiligten Löwen den Umkreis um dieselbe beschrieb.

Ein König Meles wird auch bei Nicolaus fr. 24 genannt, und zwar als Vorgänger des Moxos, der ihn wegen seiner tyrannischen Herrschaft vom Throne vertrieb. Duncker hat diesen Meles mit dem soeben erwähnten Gründer von Sardes identificirt, wird sich dabei aber auch gewiss klar gemacht haben, dass dieses bei dem wiederholten Auftreten des Namens Meles in der lydischen Geschichte keineswegs sicher ist. — Nachdem Moxos den Meles gestürzt und den Lydern auch sonst noch viel Gutes erwiesen hatte, liess er dieselben einem vorher gethanenen Gelübde zufolge von allen lebenden Thieren den zehnten Theil auserwählen und den Göttern zum Opfer darbringen. Nach einer Bemerkung Duncker's (I, 480) liegt in dieser Angabe eine Erklärung des Blutzehnten vor, der bei einigen Stämmen Syriens gefunden wird und nach unserer Stelle zu schliessen auch bei den alten Lydern im Gebrauche war. Nach Erwähnung des Opfers erzählt Nicolaus, dass eine grosse Dürre über Lydien hereinbrach und man sich in Folge dessen an das Orakel wandte. Welchen Bescheid das Orakel gab, hat er in dem uns vorliegenden lückenhaften Excerpte nicht erzählt: der hier zu Grunde liegende Bericht des Xanthus kann vielleicht wieder auf irgend einen Cultusgebrauch hinausgekommen sein, mit dessen Einführung die Dürre sofort verschwand. Am Schlusse des Fragmentes erzählt Nicolaus, dass Moxos einen Feldzug gegen die Stadt Krabos unternahm, die mit der fr. 25 genannten syrischen Stadt Νίραβος gewiss identisch ist. Moxos soll die Stadt nach langer Belagerung zerstört und ihre Bewohner nach dem nahe gelegenen See geführt und zur Strafe für ihre Gottlosigkeit alle ertränkt haben. Eine Ergänzung zu diesem Berichte findet sich allem Anscheine nach noch im 11. Fragmente des Xanthus, wo der König Mopsos, der mit Moxos jedenfalls identisch ist (wie z. B. fr. 6 Λόξοζος mit Λόξοξος), die Atergatis gefangen nimmt und dann sammt ihrem Sohne Ichthys in dem See bei Askalon zur Strafe für ihren Uebermuth ertränkt und den Fischen zum

Frasse überlässt. Einen historischen Kern aus diesen Angaben herauszuschälen ist wohl nicht möglich, und gewiss haben wir mit Duncker in ihnen nichts Anderes zu sehen als Mythen, die in der Gemeinsamkeit gewisser syrischer und lydischer Religionsvorstellungen ihren Ursprung haben.

Nach Moxos regierte in Lydien ein König Kambles. Xanthus erzählt von ihm fr. 12, er wäre so gefrässig gewesen, dass er einmal seine eigene Frau bei Nacht auffrass. Am Morgen nach dieser That hätte ihm noch die Hand der Frau zum Munde herausgesteckt, und darüber wäre er dermassen in Verzweiflung gerathen, dass er sich selbst das Leben nahm. Nicolaus hat diese Geschichte fr. 28 mit einigen Zuthaten wiederholt, gestrichen hat er aber die zum Munde heraussteckende Hand, da diese ihm denn doch als zu arg vorkam, während Xanthus von derselben noch in aller Unschuld erzählt. Als Motiv zu dem Selbstmorde giebt Nicolaus auch eine Verzauberung an, für die einzelne Lyder den Jardanos verantwortlich gemacht hätten. Letzteres ist insofern beachtenswerth, als es einigen Anhalt für die Einreihung des Kambles unter die lydischen Könige gewährt: denn da Jardanos nach Herodot I, 7 eine Sklavin hatte, mit der Herakles den Stammvater des heraklidischen Herrscherhauses erzeugte, so lässt sich mit grosser Wahrscheinlichkeit sagen, dass Xanthus den Kambles noch für einen atyadischen König hielt. Die Könige Meles und Moxos hatte Xanthus sicher früher angesetzt als den Kambles, da sie in dem Excerpte de virtutibus an einer früheren Stelle erscheinen (vgl. Nicol. fr. 24 und fr. 28).

Aehnlich wie bei der ersten Dynastie hat man auch bei der zweiten den Stammbaum auf einen Gott zurückgeführt, und zwar liess man sie von väterlicher Seite von Herakles abstammen, der mit dem lydischen Gotte Sandon identisch ist, und von mütterlicher Seite gewöhnlich von der Omphale, die der orientalischen Göttin Astarte recht gut entspricht (vgl. Preller. Griech. Mythol. II², 167 und 227 ff. und Duncker II. 480—82). Nach der geläufigsten Erzählung begab Herakles sich nach der Ermordung des Iphitos nach Lydien, um hier, wo die Sühnegebräuche heimisch sind, von der auf ihm lastenden Blutschuld befreit zu werden, kam dabei in das Haus des Jardanos und erzeugte mit dessen Tochter Omphale den Ahnherrn der zweiten lydischen Dynastie. vgl. Pherecyd. fr. 34, Ephor. fr. 6. Diod. IV, 31 und Apollod. bibl. II, 6, 3. Das Verhältniss des Herakles zu der Omphale hat man sich nach orientalischem Vorbilde ursprünglich als das eines Hierodulen gedacht. Später fand man es in Griechenland auffallend, dass der Sklave mit der Herrin, oder gar mit der Königin Umgang gehabt habe, und corrigirte daher die Sage dahin, dass Herakles nicht mit der Omphale selbst, sondern mit deren Sklavin seinen Stammhalter erzeugt habe. In dieser Weise erkläre ich mir wenigstens die von Hellanikos fr. 102 gemachte Angabe, dass der Begründer des heraklidischen Geschlechts ein Sohn des Herakles und einer Sklavin der Omphale, Namens Malis war. Bei Herodot I, 7 hat Herakles seinen Sohn ebenfalls nicht mit der Omphale erzeugt, sondern mit einer Sklavin ihres Vaters Jardanos, die Stein etwas voreilig mit der Omphale identificirt. Um zu erklären, in welcher Weise die Herakliden in Besitz der Königswürde gelangt sind, hat man gewöhnlich die Omphale selbst zu einer lydischen Königin gemacht. Die Frage, zu welcher Dynastie sie gehörte, ist sehr müssig, da es den Erfindern der Sage selbst jedenfalls sehr fern gelegen hat, sie sich vorzulegen. Duncker hat die Omphale unter die Atyaden eingereiht, und zwar nicht nur sie allein, sondern auch gleich noch ihren Vater Jardanos. Letzteres ist um so bedenklicher, da überhaupt kein Schriftsteller von einer Königsherrschaft des Jardanos etwas weiss, und ausserdem auch Apollodor geradezu für das Gegentheil zeugt, indem er die Omphale ihre Königswürde erst durch Vermählung mit dem lydischen Könige Tmolos empfangen lässt. Einigermassen in Verlegenheit setzend war die Frage nach dem Anrechte der Herakliden auf den lydischen Thron in derjenigen Version der Sage, in welcher die Omphale aus dem Stammbaume derselben gestrichen und durch eine Sklavin ersetzt worden war. Hier half man, wenn auch nicht in der geschicktesten, so doch in der einfachsten Weise, indem man die Gottheit einschreiten und durch einen Orakelspruch ihren Willen kundthun liess, vgl. Herod. I, 7 παρὰ τούτων Ἡρακλεῖδαι ἐπιτραφθέντες ἔσχον τὴν ἀρχὴν ἐκ θεοπροπίου, ἐκ δούλης τε τῆς Ἰαρδάνου γεγονότες καὶ Ἡρακλέος. Zum Vorbilde nahm man bei der Erfindung dieses Orakelspruches, wie ich glaube, den wirklich historischen Orakelspruch, durch welchen die Pythia in späterer Zeit das Aufkommen der mermnadischen Dynastie unterstützt hat.

Wie der Name von dem in Lydien geborenen Sohn des Herakles lautete, darüber steht die Ueberlieferung keineswegs fest. Hellanikos sagt fr. 102, dass der von Herakles und einer Sklavin der Omphale geborene Sohn Ἀκέλης hiess, und dass von demselben auch die lydische Stadt Akeles ihren Namen hat. Dabei haben wir wohl als wahren Sachverhalt anzunehmen, dass die Bewohner von Akeles sich einen Eponymos geschaffen haben, dem sie göttlichen Ursprung verliehen, indem sie ihn zum Sohne des Herakles machten. Nicht wesentlich verschieden von Akeles ist Ἀχέλης, der in den Scholien zur Ilias Ω 616 nicht nur als Sohn des Herakles, sondern sogar auch schon als König von Lydien erscheint, ferner Ἀλκαῖος, den Herodot I, 7 als Sohn des Herakles nennt, und endlich Ἀγέλαος bei Apollodor bibl. II, 7, 8 oder Ἡγέλεως bei Pausanias II, 21, 3. Bemerkenswerth ist übrigens, dass der Erfinder der unter einander nur dialektisch verschiedenen Namensformen Agelaos und Hegeleos eine andere lydische Dynastie als die heraklidische überhaupt gar nicht kennt, da einerseits Pausanias zwischen Herakles und Hegeleos noch den sonst als Bruder des Lydos bekannten Tyrsenos (oder Torrhebos) einschiebt, und andererseits Apollodor den Agelaos zum directen Vorfahren des Krösus macht. Aus letzter Angabe mit Gelzer (Das Zeitalter des Gyges. II. Theil. Rhein. Mus. Bd. 35, S. 526) auf eine Verwandtschaft der Mermnaden mit den Herakliden zu schliessen, halte ich für äusserst gewagt. Bei Diodor wird der Sohn des Herakles Λάμος genannt, und derselbe Name findet sich auch bei Apollonius von Aphrodisia fr. 2 (F. H. Gr. IV. 311) und bei Ovid Heroid. 9, 53 und 54. Die bei Paläphatus Incred. 45 erscheinende Namensform Λαομήδης ist jedenfalls nur aus Λάμος entstanden. Als dritter Name für den in Lydien geborenen Sohn des Herakles wird endlich noch Melas genannt (vgl. Schol. zu Il. Σ 219 Μήλας δὲ Ἡρακλέους καὶ Ὀμφάλης ἐν τῇ καθόδῳ τῶν Ἡρακλειδῶν ἀγαγὼν κατέπληξε τοῖς πολεμίοις). Für die Form Maleus, die von Meleus oder Meles nicht verschieden sein soll, hat Müller F. H. G. III. 373 Anm. den Vers Statius Theb. 224 als Beleg citirt; allein ich habe in dem Verse schlechterdings nichts Anderes als das Vorgebirge Malea entdecken können (dubiis Malea vitata carinis).

Nach Herodot sind die Herakliden erst in der vierten Generation nach Herakles auf den Thron von Lydien gelangt. Der erste regierende König hiess Agron und war Sohn des

Ninos, des Sohnes des Belos, des Sohues des Alcäus, des Sohnes des Herakles. Wie wir sehen, hat man hier den assyrischen Herakles mit dem lydischen identificirt und die Stammbäume von Beiden mit einander verschmolzen. Die Verschmelzung ist aber in eigenthümlicher Weise gemacht; denn um in der Genealogie zum Ausdruck zu bringen, dass die Lyder in alter Zeit einmal von den Assyriern abhängig gewesen sind, hat man die beiden Linien nicht neben einander, sondern unter einander gestellt, und so erst bei den Kindern des Ninos die Theilung des Stammbaumes beginnen lassen.

Als Zeit der Thronbesteigung des Königs Agron nimmt man gewöhnlich den Anfang des zwölften oder das Ende des dreizehnten Jahrhundertes vor Christus an. Man hat dieses Datum gewonnen, indem man zu dem Jahre der Einnahme von Sardes eine der für die Zeit der Mermnaden überlieferten Zahlen und die 505 Jahre der Herakliden hinzuzählte. Dabei kommt Stein zu Herod. I, 7 auf das Jahr 1221 (= 546 + 170 + 505) und Duncker I, 484 auf 1194 (= 549 + 140 + 505). Bei dieser Rechnung wird die Zahl 505 als unbedingt zuverlässig behandelt, und in der That ist gegen ihre Glaubwürdigkeit bisher auch noch nie ein Zweifel bekannt geworden, so dass z. B. noch neuerdings Floigl geradezu aussprechen konnte, dass sie auf das Höchste werthvoll sei. durch ihren Geber sowohl als auch durch ihre Gabe (vgl. Cyrus und Herodot. Leipzig 1881, S. 138). Einer so zuversichtlichen Aeusserung gegenüber darf ich nun wohl mittheilen, dass Gutschmid schon vor längerer Zeit einmal in seinen Vorlesungen auf den keineswegs streng geschichtlichen Charakter der Zahl 505 aufmerksam gemacht hat, indem er mittelst einer sehr einfachen Rechnung nachwies, was es mit der Entstehung derselben für eine Bewandtniss hat. Es waren nämlich ursprünglich nach der Rechnung von vier Königsfolgen auf ein Jahrhundert für die 22 heraklidischen und 5 mermnadischen Könige zusammen 27 × 25 = 675 Jahre angesetzt, dann wurden hinterher, als es galt, die Regierungsdauer der Herakliden allein zu ermitteln, von diesen 675 Jahren die anderweitig überlieferten 170 Jahre der Mermnaden in Abzug gebracht, und dabei ergab sich dann als Resultat genau die von Herodot angegebene Zeit von 505 Jahren.

Mit Agron bricht die Ueberlieferung über die ältesten Herakliden ab, und es folgt dann die oben erwähnte grosse Lücke.

welche erst bei dem Könige Ardys, der der fünftletzte Heraklide war, ihr Ende erreicht. Von Ardys ab sind uns die Namen und die Regierungsjahre der einzelnen lydischen Könige in fortlaufender Reihe überliefert. Die Namen·werden uns am genauesten angegeben in dem 49. Fragmente des Nicolaus. Dasselbe ist aus dem Berichte des Xanthus entnommen und beruht in letzter Instanz auf den alten Verzeichnissen in der Königsburg, welche Xanthus als Bürger von Sardes wohl leicht einmal eine Gelegenheit fand einzusehen. Ein Hinweis auf diese Verzeichnisse findet sich bei der Erwähnung des Usurpators Spermos in folgenden Worten: Σπέρμος μὲν οὕτως ἐτελεύτησεν βασιλεύσας ἔτη δέω· ἐν δὲ τοῖς βασιλείοις οὐκ ἀναγράφεται. Nach dem Fragmente gestaltet die Reihe der Könige sich folgendermassen: Alyattes hinterliess das Reich bei seinem Tode seinen beiden Zwillingssöhnen Kadys und Ardys. Dieselben herrschten gemeinschaftlich bis zum Tode des Kadys, und von da ab führte Ardys die Regierung allein, allerdings mit einer zweijährigen Unterbrechung durch den Usurpator Spermos. Nach Ardys regierte Meles, der auf drei Jahre nach Babylon ging und für diese Zeit von Sadyattes, dem Sohne eines zum Stamme des Tylon gehörigen Kadys, in der Regierung vertreten wurde. Auf Meles folgte Myrsos und auf diesen wieder Sadyattes (nicht Kandaules), der der letzte Heraklide war und von Nicolaus auch ausdrücklich als ἔσχατος βασιλεύς bezeichnet wird. — Ueber die Mermnaden handelt Nicolaus fr. 62—65, wo er der Reihe nach folgende Könige von ihnen erwähnt: Gyges. Alyattes. Sadyattes, Alyattes und Krösus.

Eine zweite Aufzählung der lydischen Könige findet sich bei Herodot I. c. 7, 15, 16, 25, 26 und 86. Diese Aufzählung beginnt mit dem vorletzten Herakliden und wird herabgeführt bis auf den Sturz des Krösus. An zwei Stellen findet man eine Abweichung von Nicolaus, zunächst bei dem letzten Herakliden, der bei Herodot zwar auch der Sohn des Myrsos ist, aber nicht Sadyattes sondern Kandaules heisst, und dann bei dem zweiten Mermnaden, der bei Herodot den Namen Ardys führt. In beiden Fällen verwirft man in der Regel das Zeugniss des Xanthus und hält sich allein an Herodot. Ob dieses aber mit Recht geschieht, ist äusserst zweifelhaft: denn Xanthus ist doch über die Königsnamen, wie wir gesehen haben, sehr eingehend und zuverlässig informirt. während Herodot seine Nachrichten

hier nur von den Delphern bezieht, die, nach seinem ganzen
Berichte zu schliessen, von der wirklichen Geschichte Lydiens
meistens nur eine so verschwommene Kenntniss gehabt haben
können, dass man ihnen jede Verwechselung sehr wohl zu-
trauen darf.

Als dritte Quelle haben wir endlich noch die Verzeichnisse
der Chronographen. Dieselben sind alle unter sich verwandt
und stimmen auch in den Namen der einzelnen Könige durchweg vollkommen mit einander überein. An der Spitze sämmtlicher
Verzeichnisse steht Ardys, der Sohn des Alyattes. Der Anfang
ist also genau derselbe wie bei Nicolaus, und wie Letzterer von
Alyattes nichts Weiteres weiss, als dass er Vater des Ardys
war, so beschränken sich dementsprechend auch die Listen bei
Alyattes auf die einfache Beibringung seines Namens und beginnen
die Angabe der Regierungsjahre erst bei seinem Sohne Ardys.
Dass eine derartige Aehnlichkeit in einem blossen Zufall ihren
Grund hätte, ist ganz undenkbar, und daher müssen wir wohl
folgern, dass nicht nur Nicolaus, sondern auch der Urheber der
Listen den Xanthus excerpirt hat, und dass mithin der von
Beiden gemeinsam gewählte Anfang kein anderer ist, als der
Anfang der nach der grossen Lücke wieder neu aufgenommenen
Geschichtserzählung des Xanthus. Auf Ardys folgt bei den
Chronographen Alyattes und dann Meles. Bei Nicolaus kommt
zwischen Ardys und Meles ein König Alyattes überhaupt nicht
vor, aber Gewicht ist auf diesen Umstand jedenfalls nicht zu
legen, da die Excerpte ja sehr unvollständig sind, und überdies
in ihnen unter der Regierung des Ardys ein Sohn desselben, der
den Namen Alyattes führt, auch wirklich einmal erscheint (vgl.
F. H. G. III, S. 382). Die Ergänzung des Fragmentes durch
die ebenfalls aus Xanthus hergeleiteten Listen kann also in
diesem Falle zu einem Bedenken keinen Anlass geben. Umge-
kehrt wie beim Vorgänger des Meles liegt die Sache bei seinem
Nachfolger, indem hier die Unvollständigkeit nicht auf der Seite
des Nicolaus ist, sondern auf der Seite der Chronographen.
Wenn letztere den Myrsos übergehen, so lag ihnen vielleicht eine
Mittheilung des Xanthus vor, dass Myrsos eine Zeit lang gemeinsam mit seinem Sohne regiert habe, und darauf hin mögen
sie die Regierung von Beiden zusammengefasst haben, wie dies
im Falle einer Mitregentschaft bei den Chronographen ganz
üblich ist (vgl. z. B. die Regierung von Valerian und seinem Sohne

Gallien in fast sämmtlichen Listen). Will man sich zu dieser Annahme nicht verstehen, so bleibt dennoch das Weglassen eines überlieferten Namens immer leichter erklärlich, als das Einschieben eines erfundenen, und schwerlich wird man also Duncker beistimmen, wenn er sich hier ausschliesslich an die Listen hält und ihnen zu Liebe den Myrsos aus der Reihe der lydischen Könige gänzlich streicht (Bd. II, S. 577, Anm. 1). Es ist dieses um so weniger zu billigen, da auch Herodot ihn erwähnt und Nicolaus (d. i. Xanthus) ihn sogar ausdrücklich als βασιλεύων bezeichnet. Den Nachfolger des Myrsos nennen die Listen nicht Sadyattes, sondern Kandaules, zwar in Uebereinstimmung mit Herodot, aber im Widerspruche mit Xanthus, und ebenso nennen sie auch den zweiten Mermnaden nicht Alyattes, sondern Ardys. Wenn hier die Angaben des Xanthus vor dem mehr eingebürgerten Berichte des Herodot den Vorzug verdienen, so folgt selbstverständlich auch, dass jene Uebereinstimmungen mit Herodot nicht im wirklichen Sachverhalt ihren Grund haben, sondern einzig und allein in einer Entlehnung. Demnach hat also der Urheber der Listen bei der Aufstellung derselben zwar den Xanthus seiner grösseren Vollständigkeit halber zu Grunde gelegt, aber dem Herodot mehr Glauben geschenkt und im Falle eines Widerspruches den Ersteren aus dem Letzteren ohne Weiteres corrigirt. Dass er ähnlich wie bei den Namen auch bei der Ansetzung der Regierungsjahre zu Werke gegangen ist, wird sich uns aus der Prüfung aller dafür überlieferten Zahlen sogleich ergeben.

Ueber die Regierungszeit der einzelnen Könige wird Xanthus gewiss fortlaufende Angaben gemacht haben, wenngleich in dem Excerpte des Nicolaus nur dürftige Trümmer davon erhalten sind. Die Regierungszeit des ersten Königs Ardys war hier auf 70 Jahre angegeben, die des Spermos, der ihn einmal verdrängt hatte, auf 2 Jahre, die des Sadyattes, der zur Zeit des Meles die Reichsverwesung führte, auf 3 Jahre, und die des letzten Herakliden Sadyattes ebenfalls auf 3 Jahre. Weitere Angaben liegen in dem Fragmente überhaupt nicht vor.

Herodot bringt nur Angaben über die Regierungszeit der fünf Mermnaden, und zwar giebt er dem Gyges 38, dem Ardys 49, dem Sadyattes 12, dem Alyattes 57 und dem Krösus 14 Jahre, allen fünf Königen zusammen also 170 Jahre. Dass diese Zahlen nicht haltbar sind, hat man zunächst aus ihrem Widerspruche mit

den assyrischen Denkmälern gefolgert, da in diesen Gyges noch
zwischen 666 und 660 als König erscheint, während nach Herodot
seine Regierung schon um's Jahr 677 ihr Ende erreicht (vgl.
Maspero, S. 476, Anm. 1, Duncker I⁵, S. 484, Anm. 4, und
namentlich Gelzer, „Das Zeitalter des Gyges", im Rheinischen
Museum, Bd. 30. S. 230 bis 268). Für Diejenigen, welche sich
mit den aus den Keilinschriften gewonnenen Geschichtsresultaten
noch nicht gern befassen mögen, wird auch eine Bemerkung von
Schöne ausreichen, der in Hermes, Bd. 9. S. 496 f. zeigt, dass
die Zahl 170 zu Stande gekommen ist, indem man für die 5 Könige
5 Generationen zu 33¹/₃ Jahren ansetzte, zusammen also 167 Jahre,
und dann zu dieser Summe noch die 3 Jahre hinzuzählte, welche
Apollo den Mermnaden nach Herodot I, 91 über die ihnen zu-
stehende Zeit hinaus als Gnadenfrist bewilligt haben soll. Wenn
wir nach der Bemerkung von Schöne über die gesammte Regierungszeit der Mermnaden uns die Frage vorlegen, in welcher Weise
die einzelnen Zahlen bei Herodot zu Stande gekommen sind,
so müssen wir zunächst beachten, dass die Summe 170 zerlegt
ist in 38 + 49 + 12 = 100 — 1 und in 57 + 14 = 70 + 1
mit Anwendung der bei den Chronographen so überaus beliebten
beweglichen Eins. Die Zugabe von drei Jahren ist hier natürlich
in der zweiten Gruppe zum Ausdruck gebracht, in der die Regierungszeit des Krösus enthalten ist, und in der ersten Gruppe
ist die von Schöne angenommene Durchschnittszeit von 33¹/₃ Jahren
mit vollständiger Genauigkeit aufrecht erhalten. Wenn man in
der zweiten Gruppe die Zeit des Krösus mit Einschluss der
dreijährigen Gnadenfrist auf 14 Jahre bemass und die ganze
übrige Zeit seinem Vater Alyattes zuwies, so wird dies daran
liegen, dass die 14 Jahre wirklich annähernd historisch sind.
Denn dass die Erinnerung an den spätesten König noch einige
Zeit hindurch gewahrt blieb, während die Kunde von seinen
Vorgängern schon sehr geschwunden war, liegt eigentlich nur
in der Natur der Sache; und bedenkt man nun noch, dass auch
die Chronographen dem Krösus nur 15 Jahre und seinem Vater
Alyattes eine auffallend lange Regierung geben, so wird man
sich zu einem gänzlichen Gleichstellen der Zahl 14 mit den
übrigen herodotischen Zahlen gewiss nicht ohne Weiteres verstehen. Wenn der Verfasser der herodotischen Liste die Regierung
der Mermnaden auf durchschnittlich 33¹/₃ Jahre bemass, so
hat er damit die sonst für Regierungszeiten gewöhnliche Dauer

ganz erheblich überschritten, denn in der Regel sind 33⅓ Jahre nicht für eine Regierungsdauer das Durchschnittsmass, sondern für eine Generation. Es ist möglich, dass der Verfasser der Liste sich des Unterschiedes zwischen Regierungsdauer und Generationsdauer überhaupt gar nicht bewusst gewesen ist, für wahrscheinlicher aber halte ich, dass er aus seiner Ueberlieferung ersah, dass bei den Mermnaden die Nachfolge des Sohnes auf den Vater überhaupt niemals unterbrochen wurde, und sich in Folge dieses Umstandes zur Ansetzung der Generationsdauer statt der Regierungsdauer für verpflichtet hielt. Meiner Auffassung nach hat er übrigens auch dem sonst für die Regierungsdauer sehr gebräuchlichen Ansatze von vier Königsfolgen auf ein Jahrhundert noch einigermassen Rechnung getragen, indem er für die drei Könige Ardys, Sadyattes und Krösus $49 + 12 + 14 = 75 = 3 \times 25$ Jahre auswarf, die dann, um die vierzehn Jahre des Krösus hineinzubringen, getheilt wurden in $50 - 1$ und $25 + 1$ mit abermaliger Zerlegung der letzten Zahl in $13 - 1$ und $13 + 1$. Die Zahl 57 bei Alyattes fasse ich auf als Ergänzung der Zahl 14 zu 71 und die Zahl 38 bei Gyges als Ergänzung der 12 zu der Zahl 50, die noch erforderlich war, um mit der Zahl 49 zusammen in der ersten Gruppe die Summe von $100 - 1$ Jahren zu erzielen. — Bemerkenswerth ist in Herodot's Liste das wiederholte Spielen mit der beweglichen Eins, denn möglicherweise handelt es sich hier um das älteste Beispiel davon, das sich überhaupt nachweisen lässt. Den Rang streitig machen könnte diesem Beispiele höchstens noch die älteste macedonische Königsliste, die mit grösster Wahrscheinlichkeit schon in die Zeiten Alexander's I (498 bis 454) zu setzen ist und bereits in ihrer ursprünglichen Form die bewegliche Eins in Anwendung bringt (vgl. v. Gutschmid „Die makedonische Anagraphe", in den Symb. philol. Bonn. S. 110 und 117).

Neben den trümmerhaften Angaben des Nicolaus und den unverwerthbaren Zahlen des Herodot haben wir als dritte Quelle für die Regierungszeit der lydischen Könige endlich noch die Listen der Chronographen. Quelle derselben ist die Liste des Julius Africanus und mit dieser ist auch die ursprünglichste von ihnen jedenfalls noch identisch. Sie findet sich bei Eusebius im Canon, vgl. Schöne, Band II, S. 78—94, bei Syncellus ed. Bonn. I, 455, bei Malalas ed. Bonn. I, 151 und 153, bei Cedrenus, p. 136, c., in den Excerpta latina barbari, vgl. Schöne

Bd. I, App. S. 220, und lautet folgendermassen: Ardys 36, Alyattes 14, Meles 12, Kandaules 17, Gyges 36, Ardys 38. Sadyattes 15, Alyattes 49 und Krösus 15 Jahre. Die Summe sämmtlicher Zahlen wird wiederholentlich richtig auf 232 angegeben. Ein Vergleich der Zahlen mit der anderweitigen Geschichtsüberlieferung ist nur in einzelnen Fällen möglich und führt natürlich immer nur zu einem ungefähren Resultate. Zunächst lässt sich aus Nicolaus bestätigen, dass die letzten Herakliden nur kurze Regierungen gehabt haben, denn erstens ist nach fr. 49 (Müller III, S. 383) ein Mermnade Ardys, der ein rechter Oheim desjenigen Daskylos war, der unter dem heraklidischen König Ardys geboren wurde (vgl. S. 382), noch unmittelbar vor der Thronbesteigung des Gyges am Leben, und zweitens wird der unter Ardys geborene Daskylos erst unter Meles aufgefordert, den Tod seines Vaters zu rächen, was wohl dahin zu erklären ist, dass er sich bis zum Schluss der Regierung des Herakliden Alyattes noch in minderjährigem Alter befand. In der Ansetzung der Zeit des Königs Gyges stimmen die Listen mit den aus den assyrischen Denkmälern hergeleiteten Daten gut überein, denn da sie den Mermnaden statt der 170 Jahre Herodot's nur 153 Jahre geben, so rückt nach ihnen auch Gyges in die Jahre 697 bis 661 herab, so dass nun also seinem Auftreten zwischen 666 und 660 durchaus nichts mehr im Wege steht. Nicht ebenso gut wie bei Gyges stimmen die Listen bei seinem Nachfolger Ardys mit den assyrischen Inschriften überein: hier muss Duncker sich schon über die Schwierigkeit hinweghelfen, indem er sich auf einen Schreibfehler in einer späteren Liste stützt, und Maspéro vollends kommt so sehr in die Enge, dass er eine Reduction der eusebianischen 38 Jahre auf höchstens 23 Jahre für unerlässlich nothwendig erklärt (vgl. S. 477, Anm. 6). Bei dem auf Ardys folgenden Könige Sadyattes lässt sich eine Controle der Listen nicht üben, weil wir über ihn überhaupt fast gar nichts wissen. In Betreff des Alyattes können wir nur ganz allgemein sagen, dass er ziemlich lange regiert haben muss, da er spätestens schon während der Sonnenfinsterniss des Jahres 585 im Kriege mit Medien stand; aber dass er es in seiner Regierung wirklich bis auf 49 Jahre gebracht hat, möchte ich doch nicht für ganz ausgemacht halten, da dann die Geburt seines ältesten Sohnes, wie wir unten sehen werden, erst ungefähr in das vierzehnte Jahr seiner Regierung fiele. Gegen die fünfzehnjährige Regierung des Krösus sind, wenn wir von seiner Zusammenkunft mit Pittakus, Alkmäon, Solon u. s. w. hier noch absehen, weitere Bedenken nicht zu erheben, vielmehr stehen die 15 Jahre der Liste mit den 14 Jahren Herodot's gut im Einklang, und meines Erachtens dienen beide Angaben sich gegenseitig nur zur Stütze.

Was sich aus der Geschichtsüberlieferung zur Controle der Listen hat beibringen lassen, ist, wie wir sehen, nur sehr allgemeiner Natur und im Ganzen doch auch immer nur von wenig Belang. Zu einem sichereren Urtheile gelangen wir, wenn wir die Zahlenverhältnisse in der Liste einer näheren Betrachtung unterziehen und durch Nachrechnung hinter die Entstehung der einzelnen Angaben zu kommen suchen. Zunächst ist zu beachten, dass nach den Listen der Regierungsantritt des Ardys mit der ersten Olympiade genau zusammenfällt, denn zieht man 544 von 776 ab, so erhält man 232, welches gerade die oben angegebene Summe der Regierungsjahre aller neun Könige ist. Diese 232 Jahre nun, welche man für die neun Könige auswarf, theilte man zunächst wieder mit Anwendung der beweglichen Eins in zwei Gruppen von 116 — 1 und 116 + 1, und dann vertheilte man die Jahre der ersten Gruppe auf die fünf ersten Könige (36 + 14 + 12 + 17 + 36 = 115) und die Jahre der zweiten Gruppe auf die vier letzten (38 + 15 + 49 + 15 = 117). Eine Theilung der Liste in eine obere und untere Hälfte zeigt sich ausserdem noch in einem anderen Zahlenverhältnisse, denn sowohl die 6 ersten Könige als auch die 5 letzten regieren zusammen je 153 Jahre. Dass hierbei nicht Zufall waltet, sondern Absicht vorliegt, beweist deutlich der Umstand, dass die Zahl 153 in beiden Fällen getheilt ist in 100 + 53, und dass dann weiter 100 in der oberen Hälfte zerlegt ist in 50 + 50 und in der unteren in 50 + 1 und 50 — 1 (14 + 36 = 50, 12 + 38 = 50, 17 + 36 = 53, 15 + 36 = 50 + 1, 49 = 50 — 1, 15 + 38 = 53). Wenn man in dieser Weise geflissentlich die Zahl 153 in die Liste hineingebracht hat, so hat man damit sicher einen bestimmten Zweck verfolgt, und was dieses für ein Zweck gewesen ist, hat Gutschmid erkannt. Als ich ihm nämlich vor Kurzem eine Arbeit über die lydischen Königslisten zugeschickt hatte, schrieb er mir, dass er 153 auffasst als die Summe von 5 γενεαί zu 30 Jahren mit Hinzufügung der 3 Jahre Gnadenfrist für Krösus. Ist dieses richtig, so gewinnen wir damit wieder gleichzeitig einen Beweis dafür, dass der Verfasser der Liste von Herodot abhängig ist und ihn auch in den Zahlenangaben in ähnlicher Weise berücksichtigt, wie er es schon bei Aufstellung der Namen nach unserer obigen Auseinandersetzung gethan hat. Wie weit der Einfluss des Herodot sich bei Ansetzung der Einzelposten geltend gemacht hat, ist schwer zu sagen; 4 von seinen 5 Einzelposten kehren in der Liste wieder, allerdings aber keiner an der richtigen Stelle, und will man dieses nicht auf einen blossen Zufall zurückführen, so würde man z. B. annehmen, dass für die Zerlegung der Zahl 50 in 12 + 38 Herodot das Vorbild gab. Ausser Herodot hat der Verfasser der Liste noch die Zahlangaben des Xanthus vor sich gehabt, und gewiss trug er diesen wenigstens insoweit Rechnung, dass er in der oberen Hälfte die kleinen Zahlen 14, 12 und 17 gerade auf die letzten Herakliden concentrirte. Auch die Zahl 36 hat gewiss ihren Grund in Xanthus, und wird, wie mir Gutschmid schreibt, durch Theilung der 72jährigen Regierung des Ardys (mit Einschluss der zwei Jahre des Spermos) in zwei gleiche Hälften vor und nach seiner Wiedereinsetzung entstanden sein.

Ausser der Liste des Julius Africanus bringen die Chronographen noch eine Reihe von weiteren Listen, die eine Beachtung kaum mehr verdienen, da sie alle nur direct oder indirect aus jener geflossen sind. Bei den ersten vier Königen stimmen sie mit Julius Africanus gut überein, aber bei den folgenden Königen erscheint eine Reihe von Varianten, durch welche die ursprünglichen Zahlenverhältnisse alle mehr oder weniger zerstört werden. Den engsten Anschluss an Julius Africanus zeigen diejenigen Listen, in denen man nur einzelne Posten geändert hat, um auf ein anderes Schlussjahr zu kommen. Dahin gehört die Liste im Χρονογραφεῖον σύντομον, bei Schöne, Bd. I, App. S. 92, welche dem Krösus 16 Jahre giebt, also seinen Sturz nicht 544, sondern 543 ansetzt, und die Liste des Hieronymus bei Schöne, Bd. II, S. 77 ff., welche dem Mermnaden Ardys nicht 38, sondern 37 Jahre giebt, und daher voraussetzt, dass der Sturz des Krösus schon in das Jahr 545 fällt. Wenn in letzterer Liste noch der erste König Ardys eine andere Zahl erhält, nämlich 23 statt 36, so kommt dieses wohl nur auf einen Schreibfehler hinaus, der dem Schreiber um so eher in die Feder gekommen sein kann, da ihm die 23 Jahre, die er dem athenischen Archonten Aeschines unmittelbar vorher beigeschrieben hatte, noch halb und halb auf der Zunge lagen. — Eine zweijährige Verkürzung der ursprünglichen Liste findet sich bei Eusebius Buch I (bei Schöne I, S. 69), wo Gyges 35 Jahre hat statt 36 und der Mermnade Ardys 37 statt 38. Ausserdem werden hier noch dem Sadyattes 5 Jahre gegeben statt 15, aber offenbar handelt es sich dabei wieder um eine blosse Verschreibung. Duncker macht sich diese Verschreibung zu Nutze, um sich aus der Noth zu helfen, in die er den assyrischen Inschriften gegenüber gerathen ist, und trägt daher kein Bedenken, die 5 Jahre für richtig zu erklären und die 15 Jahre in allen übrigen Listen zu corrigiren. Aber dieses Verfahren ist jedenfalls nichts weniger als correct, denn abgesehen davon, dass die Liste im ersten Buche des Eusebius nicht ursprünglich, sondern nur abgeleitet ist, bietet sie sogar auch nicht einmal gegen Schreibfehler den geringsten Schutz, wogegen die Liste des Julius Africanus die Summe wiederholentlich angiebt und dadurch auch in dem Einzelposten jede Verschreibung von vorn herein ausschliesst. — Durch die Verkürzung der Regierungen des Gyges und Ardys um je ein Jahr ist in der in Rede stehenden Liste die Zeit der vier Könige von Meles bis Ardys von 103 Jahren auf 101 Jahre reducirt, bei den beiden ersten Königen beträgt sie ohnehin schon 50 Jahre, und dieses brachte nun einen Chronographen auf den Gedanken, die 101 aufzufassen als $4 \times 25 + 1$ und demgemäss die Zahl der drei letzten Könige auf $3 \times 25 - 1$ zu bringen mit Verminderung der Zeit des Alyattes um 5 Jahre und mit Aufgabe des Zusammenfallens des ersten Olympiadenjahres und der Thronbesteigung des Herakliden Ardys. So entstand die Liste in der Series regum secundum Hieronymi codices (bei Schöne Bd. I, App. S. 30), welche lautet: Ardys 36, Alyattes 14, Meles 12, Kandaules 17, Gyges 35, Ardys 37, Sadyattes 15, Alyattes 44, Krösus 15 Jahre. Hier haben also die 9 Könige zusammen genau $9 \times 25 = 225$ Jahre, zerlegt in 2×25, $4 \times 25 + 1$ und $3 \times 25 - 1$. — Die meisten Schwierigkeiten verursacht die Liste in der Series reg. sec. interpr. Armen. (bei Schöne Bd. I, App. S. 14), welche folgendermassen lautet: Imperante Makedonibus Koino Lidis primus regnavit Ardis Aliatae annis XXXVI, Aliates ann. XIV, Meles ann. XII, Kaudoles ann. XVII, Giges ann. XXXVI, Ardus ann. XLVIII, Sardiattes ann. XV, Aliattes ann. XLV, Kroïsus ann. XV. Anno

MCCXXXIX incipientes desierunt LII Olompiade. Das 1239. Jahr Abraham's ist = 776 v. Chr., also gerade das erste Olympiadenjahr, und mithin zweifellos richtig überliefert, wogegen in der Angabe der 52. Olympiade (572—569) ein offenbarer Fehler steckt. Die Summe aller Regierungsjahre beträgt 238 und führt auf 776—238 = 538 (Ol. 60) als Schlussjahr, welches gerade das Jahr der Eroberung von Babylon ist. Da nun auch Lucian Contempl. 9 der Ansicht ist, dass Cyrus erst nach der Eroberung von Babylon nach Lydien ging, so kann dem Synchronismus vielleicht Absicht zu Grunde liegen: indess ist es mir aber weit wahrscheinlicher, dass wir es bei Lucian mit einer einfachen Unwissenheit zu thun haben, und dass dann in der Liste die 48 Jahre des Ardys aus den anderen Listen in 38 Jahre zu corrigiren sind. Dann kommt die Summe auf 228, und als Schlussjahr ergiebt sich das Jahr 548 (Ol. 58), in welches auch von Hieronymus (bei Schöne II, 97) die Einnahme von Sardes gesetzt ist.

Ueber die Thaten und Schicksale der letzten Herakliden sind wir fast ausschliesslich durch das fr. 49 mitgetheilte lange Excerpt aus Nicolaus unterrichtet. Der demselben zu Grunde liegende Bericht ist nach der Menge des beigebrachten Details zu schliessen, gewiss sehr ausführlich gewesen, allein was uns jetzt daraus noch vorliegt. ist nur eine Auswahl von Dingen, die für den Schreiber der Excerpte de insidiis gerade von Interesse waren, also der Hauptsache nach nur eine Sammlung von verschiedenartigen Gewaltthätigkeiten und Verfolgungen. Das Excerpt beginnt mit dem Tode des zur Zeit der ersten Olympiade regierenden herakidischen Königs Alyattes. Derselbe hinterliess die Regierung seinen beiden Zwillingskindern Kadys und Ardys, die beständig in Frieden und Eintracht mit einander lebten. Aus der Zeit ihrer gemeinsamen Regierung berichtet das Excerpt nur von gefährlichen Nachstellungen, die Kadys seitens seiner Gemahlin Damonno und seines Verwandten Spermos, der deren Geliebter war, erfuhr. Er sollte von ihnen durch Gift aus dem Wege geschafft werden, entrann aber, obwohl ihm das Gift schon beigebracht war, doch noch einmal der Gefahr, da ein zuverlässiger Arzt ihn durch seine Behandlung dem Tode wieder entriss. Nachdem so Damonno ihren Anschlag hatte fehlschlagen gesehen, versagte sie es sich nicht, wenigstens an dem Arzte schwere

Rache zu nehmen, indem sie ihn zu sich zum Mahle lud und dabei hinterlistiger Weise ermorden liess. Nach dem Vergiftungsversuche verging nicht mehr lange Zeit, bis der Tod des Kadys wirklich erfolgte, und nun nahmen Spermos und Damonno sofort die Gelegenheit wahr, um auch den Ardys zu vertreiben und dann mit Hilfe der vornehmen Lyder, die sie durch Bestechung gewonnen hatten, sich zu alleinigen Beherrschern des ganzen Reiches zu machen. Aehnlich wie Spermos hat in späterer Zeit auch Gyges bei seinen Angriffen auf die rechtmässig regierende Dynastie die Hilfe der Königin zur Seite gehabt. Beide trachteten natürlich darnach, ihre Usurpation durch Vermählung mit der Königin zu legitimiren. Gelzer sieht (Rhein. Mus. Bd. 35. S. 518) sowohl in dem Berichte über Spermos als auch in dem über Gyges nur religiös-sacrale Sagen, die sich dadurch verrathen sollen, dass das Königthum von der Hand eines Weibes verliehen wird. Diese Auffassung scheint mir bei Spermos noch viel bedenklicher, als bei Gyges zu sein, da es sich bei demselben doch nur um einen misslungenen Versuch handelt, bei dem die Sage, da er zur Verherrlichung der Macht des Weibes wenig geeignet war, auch schwerlich würde angesetzt haben.

Ardys soll nach seiner Vertreibung mit seiner Gemahlin und Tochter nach Kyme gegangen sein und dort zuerst als Stellmacher und dann als Gastwirth sein Leben gefristet haben. Natürlich ist dieses nur eine Anekdote, aber dieselbe wird uns wohl nicht befremden, wenn wir bedenken, dass man auch in der besten historischen Zeit sich sehr angelegen sein liess, festzustellen, in welcher Weise der jüngere Dionys nach seiner Vertreibung aus Syracus sein Leben gefristet habe, und dabei unter Anderem auch auf den Einfall kam, ihm seine litterarischen Kenntnisse nutzbar machen und durch Gründung einer Knabenschule seinen Lebensunterhalt verdienen zu lassen. Zur Vervollständigung des Excerptes kann hier übrigens noch aus der Schrift περὶ πολιτειῶν die Stelle XI, 1 und 2 herangezogen werden, wo erzählt wird, dass Ardys, nachdem er von den durch einen anderen Herrscher hart bedrückten Lydern wieder auf den Thron berufen war, dennoch von einem Kymäer, der einen Wagen bei ihm bestellt hatte, für einige Zeit zurückgehalten wurde, weil derselbe seinen Stolz darin setzte, einen Wagen zu besitzen, den der König der Lyder verfertigt habe. Ebenso wie zum

Stellmacher hat man den Ardys während seiner Verbannung auch
zum Gastwirth gemacht, und in dieser Stellung ihn dann Gelegenheit
finden lassen, durch liebenswürdige Aufnahme aller bei
ihm einkehrenden Lyder für seine Rückberufung zu intriguiren.
Dass dieses in solcher Gestalt nicht geglaubt werden kann, ist
natürlich klar, aber vielleicht liegt hier doch wenigstens noch
eine verschwommene Erinnerung daran zu Grunde, dass Ardys
den mit der drückenden Herrschaft des Spermos unzufriedenen
Lydern in Kyme ein Asyl bot und auf diese Weise von hier aus
seine Rückkehr auf den Thron mit ihnen zusammen in's Werk
setzte. — Spermos wurde auf das Treiben des Ardys bald aufmerksam und schickte einen vornehmen Lyder Namens Kerses
gegen ihn ab mit dem Auftrage, ihn zu tödten. Dieser Kerses
zog nun auch wirklich gegen Ardys aus, erwies sich aber
bald als ganz unzuverlässig und fing an, bei den Thronstreitig-
keiten eine ähnliche Rolle zu spielen, wie z. B. Harpagus, indem
er der Lockung nicht widerstand, dahin überzutreten, wo die
besten Aussichten winkten, und so zum Sturz und Tode des
Spermos die Hauptveranlassung bot. Wie Kerses sein Vorhaben
im Einzelnen ausführte, hat Nicolaus nur sehr anekdotenhaft
erzählt, indess beruht er auch hier wieder ganz und gar auf
Xanthus, wie sich dies auch an dem Vorkommen der jonischen
Wendungen τοῖς τε ἄλλοις . . . . καὶ δὴ καὶ und καὶ ὅς noch bestätigen lässt. Kerses hat, wie es Verräthern so oft ergeht, die
Früchte seiner That nicht lange geniessen können, da er selbst
bald getödtet wurde. Sein Mörder, sagt Nicolaus, wäre Thyessos
gewesen; derselbe hätte zum Lohne dafür von Ardys einen Kram-
laden erhalten, aus dem er so viel Gewinn zog, dass er im Stande
war, neben demselben einen eigenen Markt mit einem Heiligthume
des Hermes zu gründen, das auch Heiligthum des Thyessos genannt wurde. Die letzte Angabe scheint mir Müller richtig
gedeutet zu haben, der in der Anmerkung zu dem Fragmente
die Ansicht ausspricht, dass Thyessos eine lydische Gottheit
war, die man mit Hermes identificirt hat. Historisch wird demnach wohl nicht mehr sein, als dass Ardys nach seiner Wiedereinsetzung einer dem Hermes entsprechenden Gottheit, der er
aus nicht mehr erkennbarem Grunde ganz besondere Mitwirkung
dabei zuschrieb, ein eigenes Gebiet geweiht und einen Tempel
darauf errichtet hat. (Eine andere Erklärung der Angaben über
Thyessos hat Gelzer Rhein. Mus. 35, S. 519 versucht.)

Nach seiner Rückkehr auf den Thron hat Ardys dem Berichte des Nicolaus zufolge sich in hohem Grade die Zuneigung der Lyder erworben, stets Gerechtigkeit gepflegt und überhaupt besser regiert, als irgend ein früherer König bis in die Zeiten des Alkimos hinauf. Hält man mit diesem günstigen Urtheile die am Anfange des Fragmentes gemachte Bemerkung zusammen, dass Kadys und Ardys sich gegenseitig liebten und auch von dem Volke allgemein geliebt wurden, und andererseits wieder das harte Urtheil über Spermos, der geradezu als $\varkappa\acute{\alpha}\varkappa\iota\sigma\tau o\varsigma$ bezeichnet wird (vgl. auch π. πολ. XI 2 $\varLambda v\delta o\grave{\iota}$ $\chi\alpha\lambda\epsilon\pi\tilde{\omega}\varsigma$ $\delta\epsilon\sigma\pi o\zeta\acute{o}\mu\epsilon\nu o\iota$), so sieht man, dass Xanthus in seinem Berichte die Sache der Ardys sehr entschieden vertreten hat. — Nach seiner Wiedereinsetzung soll Ardys auch das lydische Heer gezählt und dabei gefunden haben, dass die Reiterei allein sich auf 30.000 Mann belief. Dass diese Angabe richtig sei, ist bei dem gänzlichen Schweigen unserer Ueberlieferung von den Kriegsthaten der heraklidischen Könige von vorn herein kaum glaublich. Gewiss ist als Rückstand derselben nur festzuhalten, dass die Organisation der berühmten lydischen Reiterei schon in die Zeit des Königs Ardys gehört, oder wenigstens schon frühzeitig in dieselbe zurückgeführt ist.

Am Schluss seiner Darstellung von den Schicksalen des Ardys bringt Nicolaus noch einen Bericht über dessen Verhältniss zu den aufkommenden Mermnaden und dieser Bericht findet dann bei der Behandlung der folgenden Könige seine Fortsetzung und tritt hier dermassen in den Vordergrund, dass man von den sonstigen Regierungsthaten derselben überhaupt noch kaum etwas erfährt. Dies kann zum Theil Schuld des Epitomators sein, der in den beständigen Reibungen zwischen den Herakliden und Mermnaden ein ergiebiges Feld für sein Thema de insidiis sah; aber andererseits lässt es sich auch nicht leugnen, dass dem Xanthus ein fortlaufender Bericht über die Mermnaden als Quelle zu Gebote stand und in seiner lydischen Geschichte von jetzt ab den wesentlichsten Bestandtheil bildet. Das Aufkommen der Mermnaden fällt in die Zeit des Ardys (vgl. Nic. $\H{A}\varrho\delta\ddot{\upsilon}$ $\delta\grave{\epsilon}$ $\gamma\eta\varrho\acute{\alpha}\sigma\varkappa o\nu\tau\iota$ $\H{\eta}\delta\eta$ προσφιλέστατος ἦν $\varLambda\acute{\alpha}\sigma\varkappa\upsilon\lambda o\varsigma$ $\varGamma\acute{\upsilon}\gamma\epsilon\omega$ $\gamma\acute{\epsilon}\nu o\varsigma$ $M\epsilon\varrho\mu\nu\acute{\alpha}\delta\eta\varsigma$. $O\tilde{\upsilon}\tau o\varsigma$ $\H{\alpha}\pi\alpha\sigma\alpha\nu$ $\dot{\omega}\varsigma$ $\epsilon\dot{\iota}\pi\epsilon\tilde{\iota}\nu$ $\tau\grave{\eta}\nu$ $\varLambda v\delta\tilde{\omega}\nu$ $\dot{\alpha}\varrho\chi\grave{\eta}\nu$ $\delta\iota\grave{\alpha}$ $\chi\epsilon\iota\varrho\grave{o}\varsigma$ $\epsilon\tilde{\iota}\chi\epsilon$), und diesem Umstande ist es wohl namentlich zuzuschreiben, dass Xanthus gerade mit Ardys seine Geschichtserzählung wieder

beginnt (vgl. S. 10), und vielleicht auch gar, dass er den Ardys
so günstig beurtheilt hat, da doch dieser noch mit den Mermnaden stets auf sehr gutem Fusse stand, während seine Nachfolger nur darauf bedacht waren, sie aus ihrer Umgebung fern
zu halten, und in ihnen nichts Anderes als ihre grössten Neben-
buhler und Feinde sahen.

Noch bei Lebzeiten des Ardys hat sein Sohn, der nachmalige
Könige Alyattes, den Daskylos heimlich ermorden lassen,
weil er bei dem wachsenden Einfluss desselben für seine
eigene Herrschaft besorgt geworden war. Das Weib des Daskylos
entfloh aus Furcht vor den Mördern nach ihrem Heimath-
lande Phrygien, wo sie sehr bald einen Sohn gebar, dem sie
nach seinem Vater ebenfalls den Namen Daskylos gab. Als
Ardys von der Mordthat gehört hatte, berief er eine Volksver-
sammlung, in die er sich seines hohen Alters wegen schon
auf einer Sänfte musste tragen lassen, forderte hier die Lyder
alle zur Mitwirkung bei der Ermittelung des Mörders auf, sprach
über denselben den Fluch aus, ohne zu wissen, dass er damit
seinen eigenen Sohn traf, und stellte schliesslich sogar Demjenigen,
der den Mörder ausfindig machen würde, die Tödtung desselben frei. In späterer Zeit soll Gyges seine Ermordung des
letzten heraklidischen Königs Sadyattes mit dem Fluche des
Ardys motivirt haben, vergl. S. 385 $\dot{\alpha}\xi\iota o\tilde{\iota}$ $\beta o\eta\vartheta\epsilon\tilde{\iota}\nu$ $\dot{o}\rho\mu\tilde{\omega}\nu\tau\iota$ $\varkappa\tau\epsilon\dot{\iota}\nu\epsilon\iota\nu$
$\tau\grave{o}\nu$ $\beta\alpha\sigma\iota\lambda\acute{\epsilon}\alpha\cdot$ $\pi\rho o\sigma\alpha\nu\epsilon\mu\acute{\iota}\mu\nu\eta\sigma\varkappa\epsilon$ $\delta\grave{\epsilon}$ $\varkappa\alpha\grave{\iota}$ $\tau\tilde{\eta}\varsigma$ $"A\rho\delta\upsilon o\varsigma$ $\dot{\alpha}\rho\tilde{\alpha}\varsigma,$ $\ddot{o}\tau\iota$ $\dot{\epsilon}\pi\epsilon\iota\rho\acute{\alpha}\sigma\alpha\tau o$
$\tau o\tilde{\iota}\varsigma$ $\varDelta\alpha\sigma\varkappa\acute{\upsilon}\lambda o\upsilon$ $\varphi o\nu\epsilon\tilde{\upsilon}\sigma\iota.$ Zweck dieser Angabe ist es, den Gyges
von dem auf ihm lastenden Vorwurfe des Königsmordes, so gut
es angeht, zu befreien, und daher dient sie, gleichviel ob sie ·
auf Wahrheit oder Erfindung beruht, für den mermnadischen
Standpunkt des Berichtes in jedem Falle als Beweis.

Alyattes scheint die Mermnaden, nachdem er sie gestürzt
hatte, ganz und gar von sich ferngehalten zu haben, und eben
daran wird es wohl liegen, dass uns von seiner Regierung auch
nicht das Mindeste berichtet wird.

Unter Meles fängt der in der letzten Lebenszeit des Ardys
geborene jüngere Daskylos bereits wieder an, eine Rolle zu spielen,
aber Näheres wird uns darüber aus dem Berichte des Nicolaus
nicht klar. Nicolaus erzählt nämlich, die Gottheit hätte sich
zur Zeit des Meles des früher ermordeten Daskylos angenommen
und die Lyder durch eine grosse Hungersnoth, die sie über ihr

Land hereinbrechen liess, genöthigt, von dem Könige Sühne für den Mord zu verlangen. In Folge dessen hätte Meles einerseits sich selbst die Busse auferlegt, dass er sein Reich freiwillig räumte, und andererseits zum jüngeren Daskylos nach Phrygien geschickt und ihn aufgefordert, nach Sardes zu kommen, um daselbst Sühne für den Tod seines Vaters zu erlangen. Die Sühne soll nun aber nur sehr unvollständig gelungen sein, da Daskylos sich nicht veranlasst sah, der Aufforderung Folge zu leisten und die Rückkehr hartnäckig ablehnte. Meles selbst war nach Babylon gegangen und hatte für die Zeit seiner Abwesenheit den Sadyattes, der der Sohn eines Kadys war und von Tylo abstammte, die Verwesung des Reiches übertragen. Als er nach drei Jahren endlich zurückkehrte, empfing er die Regierung aus der Hand des Sadyattes, der sie mit grosser Treue geführt hatte, wieder zurück. Der Bericht steht auch hier wieder auf mermnadischem Standpunkte, wie sich das aus dem Umstande, dass selbst die Gottheit für Daskylos eintritt, schon hinlänglich ergiebt. Als unbedingt wahr festhalten möchte ich nur die Angabe, dass Meles einmal aus seinem Reiche hat fliehen müssen und nach dreijähriger Abwesenheit die Regierung aus der Hand des Sadyattes wieder zurückempfing. Die Motivirung der Flucht ist natürlich fabelhaft, aber trotzdem schimmert in derselben wohl noch durch, dass Rache der Mermnaden für den Tod des Daskylos dabei die eigentliche . Veranlassung war. Nach dem weiteren Berichte möchte ich vermuthen, dass die Mermnaden einen vorübergehenden Erfolg gehabt haben, indem sie den Meles gleich beim ersten Anlaufe aus dem Reiche vertrieben, dass sie aber diesen Erfolg nicht lange behaupten konnten, da der Tylonier Sadyattes sie bald wieder zum Aufgeben ihrer Herrschergelüste zwang. Wenn man dann in späterer Zeit vom mermnadischen Standpunkte aus die Absicht des jüngeren Daskylos, nach Sardes zurückzukehren, wiederholentlich in Abrede stellte, so hat dieses meiner Auffassung nach in dem Umstande, dass so zu sagen die Trauben noch sauer waren, seinen einzigen Grund.

Was wir aus der Regierungszeit des Myrsos erfahren, kommt wieder nur auf einige Nachrichten über die Mermnaden hinaus. Es soll damals der jüngere Daskylos, vermuthlich weil er ein böses Gewissen hatte, sich dermassen vor den Nachstellungen der Herakliden gefürchtet haben, dass er sein Geburtsland

Phrygien verliess und sich zu den am Pontus wohnenden Assyriern begab. Hier verheirathete er sich mit einem assyrischen Weibe. das ihm einen Sohn Namens Gyges gebar, der derselbe ist, welcher später die Herakliden vom Throne stiess und die Königswürde selbst an sich riss.

Während der Regierung des letzten heraklidischen Königs Sadyattes finden wir die Mermnaden wieder in Sardes, und zwar in der nächsten Umgebung des Hofes. Sie erhielten jetzt auch, wie Gelzer S. 523 bemerkt hat, das Gebiet von Tyrrha zum Besitze, vgl. Etymol. Magnum s. v. τύραννος p. 771, 54 Gaisford ἀπὸ Γύγου ὅς ἐστιν ἀπὸ Τύῤῥας πόλεως Λυδιακῆς (cod. Λυκιακῆς) τυραννήσαντος πρῶτον und ähnlich Etym. Gudianum S. 537, 26 und 538, 4. Sturz. Nach dem Fragmente des Nicolaus ist den Mermnaden ihre Stellung am Hofe von den Königen freiwillig eingeräumt. nachdem Ardys, der Sohn eines Gyges und Bruder des ermordeten Daskylos, ihre Versöhnung mit Sadyattes zu Stande gebracht hatte. Nach geschehener Versöhnung liess Ardys nach dem Fragmente seinen achtzehnjährigen Grossneffen Gyges, den er adoptirt hatte, nach Sardes kommen und führte ihn hier beim Könige ein, der ihn in seine Umgebung aufnahm und ihm die Stellung eines δορυφόρος verlieh. Bei der Erwähnung des Gyges ergeht das Fragment sich über seine Schönheit, Tapferkeit und Tüchtigkeit in grosse Lobeserhebungen, die besonders deshalb interessant sind, weil sie wieder deutlich verrathen, dass Nicolaus oder vielmehr schon sein Gewährsmann Xanthus es mit der Partei der Mermnaden hielt. Im weiteren Verlauf des Berichtes wird dann angegeben. dass Sadyattes bald anfing, gegen Gyges Verdacht zu schöpfen, was gewiss auf Wahrheit beruht, und wenn dann noch hinzugefügt wird, dass Sadyattes den Gyges verderben wollte, indem er ihn zur Jagd gegen wilde Thiere ausschickte. so ist der Hintergrund dieser Erfindung wohl, dass Sadyattes den Gyges fürchtete, aber nicht mehr Macht genug in Händen hatte, um sich auf geradem Wege seiner zu entledigen.

Neben den Mermnaden hat noch ein zweites Geschlecht. nämlich das der Tylonier, am Hofe des Sadyattes eine angesehene Stellung behauptet, und als deutliches Symptom, wie sehr die Dynastie der Herakliden damals schon heruntergekommen war. sehen wir beide Geschlechter um die Handhabung der Regierung mit einander im Kampfe liegen. Der Kampf geht wenigstens schon bis auf die Zeit des Königs Meles zurück, da ja nach dessen Vertreibung, wie wir oben gesehen haben, der Tylonier Sadyattes bereits als Reichsverweser an der Spitze des Staates stand. In der letzten Zeit vor dem Sturze der Herakliden wurde nun der bis dahin massgebend gewesene Einfluss der Tylonier durch die von dem Könige vielleicht wirklich freiwillig zugelassene Rückkehr der Mermnaden auf das Aeusserste bedroht, und dass sich hieraus zwischen beiden Familien ein harter Kampf entspinnen musste, liegt eigentlich von vorn herein schon auf der Hand. Als Haupt der Tylonier erscheint in diesem Kampfe ein gewisser Lixos, der zuerst den König selbst nachdrücklich vor den Anschlägen des Gyges warnt, und als diese Warnungen alle vergeblich sind, schliesslich sogar zu dem Volke seine Zuflucht zu nehmen versucht, indem er durch die Strassen von Sardes ruft, dass Gyges seine Gewalt über den König missbrauchen wolle, um ihn zu ermorden. Solche Angaben sind natürlich vollkommen historisch und hätten nicht so gänzlich ignorirt werden sollen, wie es in den neueren Geschichtsdarstellungen durchgängig geschieht. Auch sonst hat man übrigens auf die Angaben des Fragmentes viel zu wenig Werth gelegt, und für den Grund hiervon halte ich nicht sowohl die Beschaffenheit der Angaben an und für sich, als vielmehr den Umstand, dass die Welcker'sche Hypothese von der Fälschung des Xanthus doch noch immer spukt.

Ueber die Ermordung des letzten heraklidischen Königs durch Gyges sind uns drei verschiedene Berichte erhalten, nämlich ausser dem in dem Fragmente des Nicolaus befindlichen noch ein zweiter bei Herodot I. 8—13 und ein dritter bei Plato de rep. II. 3. Nicolaus giebt etwa folgenden Bericht: Sadyattes warb bei dem mysischen Könige Arnossos (dem Gründer der nur noch bei Xanthus fr. 17 erwähnten Stadt Ardynion) um die Hand seiner Tochter Tudo (oder Trydo), erhielt von ihm die Zusage und schickte den Gyges ab, um die Braut einzuholen. Unmittelbar vor der Abfahrt der Tudo ereignete sich ein Wunder, indem zwei Adler von aussergewöhnlicher Grösse sich auf ihr Schlafgemach niederliessen, und dieses Wunder wurde dahin gedeutet, dass Tudo die Gemahlin zweier Könige werden würde. Während der Reise entbrannte Gyges von Liebe zur Tudo und versuchte sie zu umarmen; allein sie sträubte sich, wies ihn unter vielen Drohungen zurück und erzählte bei ihrer Ankunft in Sardes den ganzen Vorfall dem Sadyattes. Dieser gerieth darüber in heftigen Zorn und schwor dem Gyges für den nächsten Tag den Tod. Bei dem Schwur war aber zufällig als Zeugin eine Magd gegenwärtig, welche den Gyges liebte und ihm daher von der ihm drohenden Gefahr sofort Anzeige machte. Nun glaubte Gyges zu seiner Rettung nichts Anderes mehr thun zu können, als dem Könige zuvorzukommen, und entschloss sich daher, noch während der Nacht in Gemeinschaft mit einigen Freunden, die er in's Vertrauen gezogen hatte, ihn zu ermorden. Bei der Ausführung der That leistete ihm wieder die in ihn verliebte Magd die wesentlichsten Dienste, da sie ihm die Thüre vom Schlafgemache des Königs öffnete und auf diese Weise ermöglichte, dass derselbe ohne Schwierigkeit niedergestossen wurde, noch während er im Schlafe lag. Nach Vollendung der That riss Gyges die Königsherrschaft an sich und nahm die von ihm geliebte Königin Tudo zur Frau.

Bei Herodot führt der von Gyges ermordete letzte heraklidische König nicht den Namen Sadyattes, sondern Kandaules. Derselbe soll einmal zu Gyges geäussert haben, dass seine Gemahlin die schönste Frau in der Welt wäre, und obwohl dieser keinen Widerspruch erhob, ihn dennoch schliesslich aufgefordert haben, sich durch Augenschein selbst davon zu überzeugen, da er ihm einmal die Gelegenheit bieten wolle, sie nackend zu sehen. Gyges wies das Anerbieten des Königs anfangs mit Entrüstung zurück, liess sich aber, als derselbe immer dringender wurde, doch endlich von ihm bestimmen, sich, während die Königin sich entkleidete, hinter einer Thüre versteckt zu halten, um sie von dort aus zu beobachten. Als er dann sah, wie die Königin sich von dem Sessel, auf dem sie sich entkleidet hatte, entfernte, um nach ihrem Bette zu gehen, und ihm den Rücken zudrehte, verliess er verabredetermassen seinen Versteck und schlich zur Thüre hinaus. Die Königin hatte sich, während dieses geschah, ganz schweigend verhalten, woraus Gyges schloss, dass er unbemerkt geblieben sei; allein er wurde bald über seinen Irrthum belehrt, denn schon am nächsten Morgen liess die Königin ihn zu sich kommen und eröffnete ihm, dass sie ihn aus ihrem Schlafzimmer habe herausgehen sehen und fest entschlossen sei, für die Schmach, die ihr widerfahren wäre, blutige Rache zu nehmen.

Dass auch Kandaules sich dabei schuldig gemacht habe, indem er ihn in das Schlafzimmer einliess, wisse sie sehr wohl. Sie lasse ihm daher jetzt die Wahl zwischen zwei Dingen, entweder auf der Stelle selbst zu sterben oder in der nächsten Nacht den Kandaules zu tödten und sich dann sofort mit ihr zu verheirathen. Gyges wählte natürlich das Letztere. Um den Mord auszuführen, verbarg er sich des Abends auf Veranstaltung der Königin mit einem Dolche in der Hand hinter derselben Thüre, von der aus er sie in der vorigen Nacht beobachtet hatte, wartete hier ab, bis Kandaules eingeschlafen war, schlich dann heran und stiess ihn im Schlafe nieder. Die Königin nahm er nach dem Morde, wie verabredet war, selbst zur Gemahlin, und damit erhielt er gleichzeitig auch die Königswürde von Lydien für sich erblich zum Besitz.

Der Bericht des Plato kommt nur in vereinzelten Angaben in Betracht, da er im Ganzen schon vollständig den Charakter eines Märchens hat. Man liest nämlich hier, dass ein Vorfahre des Gyges als Hirt bei dem Könige von Lydien im Dienste stand. Während derselbe nun hütete, wäre in seiner Nähe einmal nach einem starken Regengusse und Erdbeben ein Spalt in der Erde entstanden. In diesen Spalt sei er hinabgestiegen und habe daselbst unter vielem anderen Wunderbaren auch ein ehernes Ross gesehen, welches innen hohl war und Thüren hatte, durch die er einen Todten von übermenschlicher Grösse erblickte, der nichts Anderes an sich hatte, als einen goldenen Ring. Diesen Ring hätte er ihm abgezogen und sei damit wieder emporgestiegen. Sehr bald hätte er nun, als er mit den anderen Hirten beim Könige zusammenkam, die Bemerkung gemacht, dass der Ring, je nachdem man den Stein desselben nach innen oder nach aussen drehe, die Kraft habe, Denjenigen, der ihn trägt, den Blicken der Anderen zu entziehen oder wieder sichtbar zu machen. Mit Benutzung dieser Kraft des Ringes hätte er es nun ermöglicht, mit der Königin zusammenzukommen, dieselbe zum Ehebruch verführt und dann mit ihrer Hilfe den König ermordet und die Herrschaft an sich gerissen. -- Plato knüpft diese Erzählung von der Erhebung der Mermnaden zur Königswürde nicht an Gyges selbst, sondern ausdrücklich an einen Vorfahren von ihm, aber daraus ergiebt sich nach meinem Dafürhalten nichts Anderes, als dass Plato von Gyges nur eine sehr dunkle Vorstellung hatte und gar nicht wusste, dass gerade er selbst es war, der die Mermnaden auf den Thron von Lydien erhoben hat. Duncker scheint mir die Autorität Plato's in geschichtlichen Dingen etwas zu hoch anzuschlagen, wenn er sich genöthigt glaubt, seine Worte τῷ Γύγου τοῦ Ἄρδυϊ προγόνῳ dahin zu deuten, oder vielmehr dahin zu corrigiren, dass sie sich nicht auf den Vorfahren des Gyges von Lydien beziehen, sondern auf einen sonst unbekannt gebliebenen Gyges, der Vorfahr des Lydos, und dann doch wohl auch Vorfahr der Götter Atys und Manes war.

Die drei Berichte von Nicolaus, Herodot und Plato differiren von einander sehr stark; umsomehr ist auf etwaige Uebereinstimmungen, die sich in ihnen finden, Gewicht zu legen, da diese dann doch nicht in einer Verwandtschaft der Berichte unter einander ihren Grund haben werden, sondern nur in den Thatsachen selbst. Als feststehend möchte ich demnach betrachten, dass Gyges den letzten Herakliden im Schlafe ermordet hat (vergl. auch die Warnung des Lixos), dass er dabei die Hilfe der Königin zur Seite hatte, und dass er nach der That sich mit der Königin verheirathete und dadurch die Königswürde für sich und seine Nachkommen gewonnen hat. Inwieweit die Königin bei der Mordthat selbst betheiligt gewesen ist, darüber sind die Angaben der drei Berichte sehr verschieden. Den geringsten Grad von Betheiligung schreibt ihr Nicolaus zu, bei dem sie überhaupt nur die unschuldige Veranlassung ist. Bei Herodot wird schon zugegeben, dass sie bei der Ausführung des Mordes mit Gyges direct in Verbindung war, und bei Plato vollends wird dieses nicht nur bestätigt, sondern auch rundherausgesagt, dass sie mit Gyges im Ehebruchsverhältniss stand. Letzteres ist nach dem ganzen Sachverhalte, wie er sich nach der Uebereinstimmung der Berichte darstellt, ohnehin schon ziemlich klar und wird überdies auch noch durch Herodot's Erzählung so wahrscheinlich gemacht, dass z. B. schon Trogus oder dessen Gewährsmann es daraus herausgelesen und ohne Weiteres als thatsächlich überliefert hat; vgl. Justin I. 7, 17 u. 18. Ad postremum, ut adfirmationi suae fidem faceret, nudam sodali suo Gygi ostendit. Quo facto et amicum in adulterium uxoris sollicitatum hostem sibi fecit et uxorem, velut tradito alii amore, a se alienavit.

Wenn wir als thatsächlich voraussetzen dürfen, dass die
Königin mit Gyges ein Liebesverhältniss unterhalten und ihm
in Folge dessen bei der Ermordung ihres Gemahls Hilfe geleistet
hat, so stellt es sich heraus, dass bei Xanthus der wahre Sachverhalt ganz und gar zu ihrem Gunsten verdreht ist. Von dem
Vorwurfe des Ehebruches wird sie hier entlastet durch die Ver-
sicherung, dass sie die Anträge des Gyges gleich von vorn herein
sehr energisch zurückgewiesen habe, wobei die unmotivirte Entschuldigung natürlich nur ein ziemlich gravirendes Indicium für
ihre Schuld ist, und von der Mitschuld an dem Morde wird sie
einfach durch Vorschieben eines anderen Sündenbockes befreit:
denn hinter der Magd, welche den Gyges liebt und ihn vor dem
Könige warnt, und ihm schliesslich bei der Ermordung desselben
behülflich ist, indem sie die Thüren des Schlafgemaches öffnet,
steckt in Wahrheit doch keine andere Person, als die Königin
selbst. Durch die Parteinahme für die Tudo wird schon von
vorn herein wahrscheinlich gemacht, dass der Bericht über sie
in letzter Instanz seine Quelle in ihrer Umgebung hat, und nun
kommt noch als Bestätigung dafür hinzu, dass in der Beibringung
einiger auffallend detaillirter Angaben sich ein ganz besonderes
Interesse für sie bekundet. Zunächst erfahren wir nämlich, dass
sie eine Tochter des Arnossos war, der über Phrygien herrschte
und die Stadt Ardynion gegründet hat, wogegen die anderen
Berichte nicht einmal von ihr selbst den Namen zu nennen wissen,
und ausserdem wird dann noch eine Wundergeschichte mitgetheilt, bei der sie selbst ganz im Mittelpunkte steht, und die
daher ihren Ausgangspunkt wohl auch allein in ihrer Umgebung hat.

Aehnlich wie der Bericht des Xanthus sich durch Vertretung
der Sache der Tudo kennzeichnet, charakterisirt der des Herodot
sich durch Parteinahme für Gyges selbst. Obwohl Gyges
nämlich der Wahrheit nach lediglich durch Herrschsucht in
seinem Handeln bestimmt worden ist, so wird er doch nach
Herodot's Darstellung nur durch eine sonderbare Verkettung der
Umstände gedrängt und fast wider seinen Willen zur Annahme
der Königswürde gezwungen. Sein Ehebruchsverhältniss mit
der Königin wird gänzlich bemäntelt und auch seine Mordthat
wird, so gut es angeht, entschuldigt, da ja eben die Königin die
Initiative dazu ergriff und er selbst nur um seiner eigenen Rettung willen dabei mitzuwirken genöthigt war. Wie es übrigens

kam, dass er sich nicht durch eine Anzeige beim König hat
retten können, die ihm schlimmstenfalls doch unmittelbar vor
Ausführung der That noch immer offen blieb, haben dem Herodot
seine Berichterstatter wohlweislich nicht erzählt. Als Stätte
der zu Gunsten des Gyges gemachten Verdrehung haben wir
jedenfalls wieder Delphi in's Auge zu fassen, wie sich dies aus
einigen zur Verherrlichung des Orakels dienenden Angaben
deutlich ergiebt, so namentlich aus dem Schluss des 13. Capitels,
wo erzählt wird, dass die Pythia den Sturz des Krösus gleich
von vorn herein prophezeit habe, aber bei Niemand eher Glauben
fand, als bis Alles, so wie sie es gesagt hatte, wirklich geschehen
war. Das grosse Interesse, welches man in Delphi für Gyges
hatte, geht mit den reichen Geschenken, welche er dorthin geschickt hatte, wohl Hand in Hand, denn wie man aus c. 14
ersieht, ist Gyges der erste lydische König gewesen, der das
delphische Orakel mit Geschenken bedacht hat, und daher hatte
auch gerade sein Name hier sicherlich einen besonders guten
Klang. — Rawlinson, Hist. of Herod. I, 293 hält den Dichter
Archilochus für die Quelle zu jener Erzählung des Herodot, und
ihm ist Maspéro S. 476 darin ohne Bedenken gefolgt. Veranlassung zu dieser Annahme bot ihnen folgende Stelle des 12.
Capitels des Herodot: καὶ μετὰ ταῦτα ἀναπαυομένου Κανδαύλεω
ἐπεκδύς τε καὶ ἀποκτείνας αὐτὸν ἔσχε καὶ τὴν γυναῖκα καὶ τὴν
βασιληίην Γύγης· τοῦ καὶ Ἀρχίλοχος ὁ Πάριος κατὰ τὸν αὐτὸν
χρόνον γενόμενος ἐν ἰάμβῳ τριμέτρῳ ἐπεμνήσθη· ἔσχε δὲ τὴν βασιληίην
καὶ ἐκρατύνθη ἐκ τοῦ ἐν Δελφοῖσι χρηστηρίου. Von vorn herein
auszuschliessen ist die Annahme Rawlinson's, wenn man mit
Stein in den Worten τοῦ καὶ Ἀρχίλοχος bis ἐπεμνήσθη nur eine
Interpolation sehen will; aber auch wenn man die Worte für
echt und wegen der Wiederaufnahme des ἔσχε τὴν βασιληίην für
ganz unentbehrlich hält, hat man darum zu jener Annahme auch
immer noch nicht den geringsten Grund: denn offenbar handelt
es sich hier nicht um eine Angabe, die ein wesentlicher Bestandtheil der ganzen Erzählung ist, sondern nur um eine bei-
läufige Bemerkung, zu welcher der schon zu Herodot's Zeit
sprichwörtlich gewordene Vers οὔ μοι τὰ Γύγου τοῦ πολυχρύσου μέλει
die Veranlassung gab. Herodot hatte sich an diesen Vers bei
der Erwähnung der Thronbesteigung des Gyges erinnert und
sagte daher in ganz natürlichem Gedankenzusammenhang, dass

auf die von ihm beschriebene Weise der bekannte, schon von
dem Dichter Archilochus verherrlichte Gyges seinen Königs-
thron erhielt. Mit dem übrigen Theile des Berichtes hat diese
Bemerkung also gar nichts gemein, und daher giebt sie auch
zur Bestimmung der Quelle desselben durchaus keinen Grund.
Abgesehen von der völligen Grundlosigkeit spricht gegen die
Rawlinson'sche Annahme übrigens auch schon der Umstand, dass
die ganze herodotische Erzählung zu der Art des Archilochus
sehr wenig stimmt. denn das Ausschmücken einer überlieferten
Geschichtserzählung und das weite Ausspinnen derselben in
grosse Dialogpartien lag der Poesie desselben sicherlich ganz fern.

Mit der Ermordung des Sadyattes war Gyges noch keineswegs in den unbestrittenen Besitz der Königsherrschaft gelangt.
Zunächst musste er suchen, sich in Sardes selbst Anerkennung
zu verschaffen, und zu diesem Zwecke liess er seine Gegner
durch Mord beseitigen und andere hervorragende Lyder durch
Vertheilung von Geschenken für seine Sache gewinnen. Als er
sich dann auf diese Weise einigermassen befestigt zu haben
glaubte, berief er das Volk zu einer grossen Versammlung und
proclamirte sich daselbst zum König. Hierbei scheint er durchaus nicht viel Entgegenkommen gefunden zu haben, indess gelang
es ihm doch schliesslich theils durch beschwichtigende Reden,
theils durch den Schrecken. den seine Truppenmacht einflösste,
die Aufrechterhaltung der Ordnung zu sichern (vgl. Nicol.).
Nachdem Gyges auf diese Weise Herr in Sardes geworden war,
hatte er noch einen schweren Kampf mit den noch lebenden
Nachkommen des heraklidischen Königshauses zu bestehen. Es
konnte nicht fehlen, dass dieselben ihre treu gebliebenen Anhänger um sich schaarten und mit deren Hilfe die Wieder-
erlangung des ihnen entrissenen Thrones noch einmal versuchten.
An ihre Spitze stellte sich Kandaules, der allem Anscheine
nach ein zweiter Sohn des Myrsos (vergl. Herod. I, 7 und Plin.
histor. nat. 35, 34) und mithin nach dem Tode des Sadyattes
der nächste berechtigte Thronerbe war. Derselbe muss es möglich gemacht haben, noch eine ganz ansehnliche Zahl von seinen
Anhängern in's Feld zu stellen, da Gyges es für gerathen hielt,
sich nach auswärtiger Hilfe umzusehen, die er dann bei Arselis
von Karien auch wirklich fand. Mit Hilfe dieses Arselis gelang
es ihm, den Kandaules in einer Schlacht zu besiegen und

zu tödten, und in Folge dessen behielt er natürlich den Thron von Lydien für die Zukunft in unbestrittenem Besitze. Die Angaben 'darüber finden sich bei Plutarch (Quaest. graecae 45. Plutarch wirft hier nämlich die Frage auf, weshalb die Bildsäule des Zeus von Labranda in Karien ein Beil in der Hand halte, und beantwortet sie in folgender Weise: ὅτι Ἡρακλῆς Ἱπποδίτην ἀποκτείνας, καὶ μετὰ τῶν ἄλλων ὅπλων αὐτῆς λαβὼν τὸν πέλεκυν, Ὀμφάλῃ δῶρον δέδωκεν. οἱ δὲ μετ' Ὀμφάλην Λυδῶν βασιλεῖς ἐφόρουν αὐτὸν, ὥς τι τῶν ἄλλων ἱερῶν ἐκ διαδοχῆς παραλαμβάνοντες· ἄχρι Κανδαύλης ἀπαξιώσας, ἑνὶ τῶν ἑταίρων φορεῖν ἔδωκεν. ἐπεὶ δὲ Γύγης ἀποστὰς ἐπολέμει πρὸς αὐτὸν, ἦλθεν Ἄρσηλις ἐκ Μυλέων ἐπίκουρος τῷ Γύγῃ μετὰ δυνάμεως, καὶ τόν τε Κανδαύλην καὶ τὸν ἑταῖρον αὐτοῦ διαφθείρει· καὶ τὸν πέλεκυν εἰς Καρίαν ἐκόμισε μετὰ τῶν ἄλλων λαφύρων. καὶ Διὸς ἄγαλμα κατασκευάσας, τὸν πέλεκυν ἐνεχείρισε, καὶ Λαβραδέα τὸν θεὸν προσηγόρευσε· Λυδοὶ γὰρ λάβρυν τὸν πέλεκυν ὀνομάζουσι. Duncker ist geneigt, in Arselis nicht eine historische Person, sondern den Beil tragenden Gott selbst zu erkennen; er sagt Bd. I. S. 488: „Das Ueberlassen der Streitaxt an den Gott der Streitaxt lässt vermuthen, dass mit jenem Karer von Mylasa der Gott von Mylasa selbst gemeint sei, dass Arselis der Name oder ein Beiname dieses Gottes gewesen sein könnte: eine Vermuthung, die dadurch Gewissheit wird, dass Chars-El in den semitischen Sprachen: Beil des El, Beil Gottes bedeutet." Die Annahme Duncker's steht meines Erachtens auf sehr schwachen Füssen, da einerseits das Ueberlassen der Streitaxt auch nicht das Geringste beweist und andererseits die angegebene Uebersetzung von Arselis durchaus nicht sicher ist. Man setzt dabei voraus, dass die Sprache der Karer wirklich eine semitische war und dass auch der Uebergang eines semitischen Chars-El in ein griechisches Arselis sprachlichen Bedenken nicht weiter unterliegt und gelangt schliesslich unter diesen Voraussetzungen im günstigsten Falle nur zu einer Uebersetzung, die nichts als Unsinn bietet: denn einem Gotte deswegen, weil er ein Beil trug, den Beinamen „Beil Gottes" zu geben, hat doch sicherlich keinen Sinn. Duncker's Erklärung des Namens Arselis ist übrigens nicht nur schwierig, sondern auch geradezu überflüssig, da ja die am nächsten liegende Annahme, dass der an der Spitze der karischen Streitmacht marschirende Führer nichts Anderes als ein blosser Mensch war, schon vollkommen genügt. Nach meiner Auffassung ergiebt sich aus der Plutarchstelle, dass die Herakliden als Reliquie ein Beil aufbewahrten, das noch von Herakles oder vielmehr von dem Gotte Sandon selbst herrühren sollte und nach allgemeinem Glauben die Eigenschaft besass, dass es seinen Träger unter den speciellen Schutz des Sandon stellte und ihm Unbesiegbarkeit verlieh. Mit diesem Glauben an die Unbesiegbarkeit der Herakliden trat nun aber das Factum, dass sie schliesslich doch gestürzt und von Gyges und den Karern in offenem Kampfe überwunden waren, in Widerspruch (ähnlich wie Herodot I, 84 die Eroberung der Stadt Sardes mit dem Glauben an ihre Uneinnehmbarkeit), und um nun die Thatsache und den Glauben dennoch mit einander vereinigen zu können, nahm man an, dass Kandaules das Beil während der Schlacht nicht selbst getragen, sondern irgend einem von seinen Begleitern überlassen habe. Dass dieser Begleiter ungenannt blieb, liegt nur in der Natur der Sache, und wenn Duncker in ihm II, 577 trotz der entgegenstehenden Darstellungen bei Plutarch den Gyges wiedererkennen will, so hat er dabei nur die Absicht, sich wenigstens einigermassen den Weg zu ebnen, um Herodot's und Plutarch's Darstellungen von dem Ende des Kandaules mit einander zu vereinigen. Ob das Beil des Gottes zu Labranda mit dem Beile der Herakliden wirklich identisch war, indem es ihm nach dem Kriege zum Danke für seinen Beistand als Insignie verliehen war, oder ob es nur irrthümlich mit demselben identificirt worden ist, wird sich mit Sicherheit schwerlich entscheiden lassen.

Was Plutarch über die Besiegung des Kandaules mittheilt, bietet zu Zweifeln wohl nicht den leisesten Grund. Nicht weniger zuverlässig als Plutarch's Angaben ist aber auch, was sich oben über die Ermordung des Sadyattes ermitteln liess; und obwohl es nun angezeigt wäre, beides miteinander zu vereinigen, so hat man sich doch bisher immer durch die bei Herodot vorkommende Verwechselung des Sadyattes mit Kandaules bestimmen lassen, die Ueberlieferung über Beide zusammenzuwerfen und die beiden verschiedenen Darstellungen von dem Sturz der Herakliden, statt sie sich fortsetzen zu lassen, nur mit einander contrastirt. Dabei kommt man dann in der Regel zu dem Resultate, dass Plutarch's Bericht der geschichtliche ist, und die Angaben über die Ermordung des letzten Königs in seinem Schlafgemache in irgend einer nicht klar zu bestimmenden Weise mythologisch zu deuten seien. Wie wenig man zu letzterer Ansicht berechtigt ist, hat sich wohl schon gezeigt, da nach unseren obigen Auseinandersetzungen ein historischer Kern den Darstellungen von Nicolaus, Herodot und Plato ganz unverkennbar zu Grunde liegt. Es bleibt daher schlechterdings nichts Anderes übrig, als beide Darstellungen über den Sturz der Herakliden mit einander zu vereinigen und zuzugeben, dass zu der von Nicolaus bezeugten Ermordung des Sadyattes durch Gyges der von Plutarch bezeugte Krieg des letzten Herakliden Kandaules mit Gyges und den Karern noch ein Nachspiel war. Nur so allein wird jedes glaubwürdige Zeugniss gerettet und gleichzeitig auch der bei Herodot vorkommende Irrthum durch Annahme einer Verwechselung des letzten heraklidischen Königs mit dem letzten Vertreter des heraklidischen Geschlechts in der einfachsten Weise erklärt.

Mit der Niederlage und dem Tode des Kandaules war die Entscheidung ganz und gar zu Gunsten des Gyges erfolgt. Die Erlangung der allgemeinen Anerkennung konnte ihm jetzt keine wesentlichen Schwierigkeiten mehr verursachen, da ein offenes Hervortreten der Feinde nach der Schlacht wohl kaum noch möglich war. Bei der Umstimmung des Volkes hat sehr Wesentliches das delphische Orakel gethan. wenngleich es auch nicht richtig ist. dass dasselbe die Uebertragung der Königswürde auf Gyges einzig und allein entschieden hat. Dieses wird von Herodot nur nach delphischer Quelle erzählt (I. 13) und ist lediglich eine Uebertreibung, die man in Delphi zur Verherrlichung des Orakels gemacht hat. Beachtenswerth ist diese Angabe höchstens insofern, als sie noch erkennen lässt, wie man in Delphi über dem fortwährenden Hervorkehren und Uebertreiben des zur Verherrlichung des Orakels dienenden Umstandes schliesslich den eigentlichen Grund für die Anerkennung des Gyges so weit vergessen hat. dass von dem ganzen Kriege nichts weiter, als der blosse Name des Kandaules in der Erinnerung gewahrt blieb. Gyges hat die Dienste. welche das delphische Orakel ihm erwiesen hat, mit glänzenden Geschenken belohnt, oder vielleicht auch erkauft. Diese Geschenke hat Herodot bei seinem Aufenthalte in Delphi selbst gesehen; er berichtet über dieselben I. 14 mit folgenden Worten: „Nachdem Gyges zur Herrschaft gelangt war, sandte er Weihgeschenke nach Delphi, und zwar nicht wenige, sondern unter den Weihgeschenken von Silber sind sehr viele in Delphi von ihm. Ausser dem Silber aber weihte er auch unendlich viel Gold, und unter Anderem sind auch die höchst beachtenswerthen goldenen Mischkrüge, sechs an der Zahl, von ihm geweiht. Dieselben stehen im Schatzhause der Korinther und haben ein Gewicht von dreihundert Talenten . . . . . Das Gold und Silber aber, welches Gyges geweiht hatte, wird von den Delphern Γυγάδας genannt nach dem Namen des Gebers."

Nachdem Gyges seiner Feinde Herr geworden war, hatte er schliesslich noch mit seinem alten Gegner, dem Tylonier Lixos, Abrechnung zu halten. Das Nähere darüber hat Nicolaus nur sehr anekdotenhaft erzählt, jedoch leuchtet aus seinem Bericht wenigstens noch hervor, dass Lixos sich dem Gyges eine Zeit lang durch Flucht entzog, dann aber doch einmal das Unglück hatte, in seine Hände zu gerathen, und schliesslich der ihm schon verhängten Todesstrafe nur durch dringendes Zureden anderer sehr einflussreicher Lyder wieder entzogen wurde.

Die Kriegszüge des Gyges waren zum grossen Theil gegen die griechischen Städte in Kleinasien gerichtet. Es ist dieses ein Zeichen davon, dass mit der neuen Dynastie auch wieder eine kräftigere Handhabung der Regierung begann. Denn ein tüchtiger Regent durfte es nicht ansehen, dass diese Städte den Lydern das ihnen zugehörige Meer versperrten, und musste gegen sie in ähnlicher Weise vorgehen, wie es später z. B. in Kleinasien Cyrus und in Macedonien König Philipp gethan haben.

Besondere Erfolge hat Gyges bei seinen Angriffen auf die Griechen nicht gehabt; wenigstens hebt Herodot I. 6 nachdrücklich hervor, dass erst Krösus der erste König war, dem eine wirkliche Unterwerfung der Griechen gelang. Von dem Kriege des Gyges handelt Herodot I, 15 mit folgenden Worten: ἐσέβαλε μέν νιν στρατιὴν καὶ οὗτος, ἐπείτε ἦρξε, ἔς τε Μίλητον καὶ ἐς Σμύρνην, καὶ Κολοφῶνος τὸ ἄστυ εἷλε. Ueber den Einfall in das Gebiet von Milet ist Näheres nicht bekannt, aber über den Kampf gegen Smyrna hat man noch einige Angaben bei Pausanias, aus denen zu ersehen ist, dass die Smyrnäer sich mit bewundernswerther Tapferkeit vertheidigt haben. IV, 21, 3 wird nämlich erzählt, dass Aristomenes und Theoclos den Messeniern, um sie zur Tapferkeit anzufeuern, die Heldenthaten der Smyrnäer

3*

vorhielten und ihnen erzählten, wie dieselben den Gyges und die Lyder, als sie schon in ihre Stadt eingedrungen waren, mit grösster Tapferkeit wieder herausschlugen. Ausserdem wird auch noch IX, 29, 2 angegeben, dass Mimnermos den Kampf der Smyrnäer gegen Gyges und die Lyder in einer besonderen Elegie besungen hat. Eine Bezugnahme auf den Krieg findet sich übrigens auch bei Dositheus im dritten Buche der Lydiaca, vgl. F. H. G. IV. 401, fr. 6; aber was hier erzählt wird, lässt sich historisch nicht verwerthen: es ist nur eine den Krieg zur Scenerie nehmende ganz fabelhafte Geschichte, die zur Erklärung des Eleutherienfestes in Smyrna dient.

Ueber den Krieg mit Kolophon haben wir keine weitere Angabe, als die oben citirten Worte des Herodot καὶ Κολοφῶνος τὸ ἄστυ εἷλε. Es fragt sich hierbei, was man unter ἄστυ an dieser Stelle zu verstehen hat: einerseits kann es bezeichnen die Stadt im Gegensatze zur Burg und andererseits die ganze Stadt sammt der Burg im Gegensatze zu ihrem Gebiete. Stein entscheidet sich für die erste Erklärung und ebenso sagt auch Duncker, dass Gyges zwar die Stadt einnahm, aber nicht die Burg (vgl. noch Grote II. 175). Meiner Ansicht nach würde man gut daran thun, sich solcher Folgerungen zu enthalten und lieber der zweiten Erklärung den Vorzug zu geben, denn die Gegenüberstellung von εἷλε und ἐσέβαλε weist doch ziemlich deutlich auf den Gegensatz von der Stadt zu ihrem Gebiet. Demnach scheint mir Herodot also zu sagen „Milet und Smyrna suchte er durch Einfälle heim, und von Kolophon eroberte er sogar die Stadt". Würde Herodot haben andeuten wollen, dass die Burg von Kolophon noch erhalten blieb, so hätte er sich jedenfalls deutlicher ausgedrückt, z. B. ähnlich wie c. 15, wo er sagt Σάρδις πλὴν τῆς ἀκροπόλιος εἷλον. Sicher ist die von mir angegebene Bedeutung von ἄστυ in einer ganz ähnlichen Stelle des Nicolaus: derselbe sagt fr. 64, wo er von dem Kriege des Alyattes gegen Smyrna spricht, εἷλεν αὐτῶν τὸ ἄστυ, während Herodot's Ausdruck Σμύρνην εἷλε (I. 16) natürlich die Eroberung der ganzen Stadt beweist. — Die Eroberung von Kolophon hat übrigens zu einem dauernden Besitze nicht geführt, denn zur Zeit des Alyattes ist es, wie wir unten sehen werden, sicher wieder frei. Wahrscheinlich ist die Befreiung zu der Zeit des Kimmeriereinfalles erfolgt.

Ausser den Kriegszügen gegen Milet, Smyrna und Kolophon soll Gyges nach Herodot andere bedeutende Thaten nicht mehr vollbracht haben. Nicolaus erwähnt noch fr. 62, dass er auch einige Einfälle in das Gebiet von Magnesia gemacht hat, die schliesslich zur Unterwerfung der Stadt geführt haben. Als Veranlassung zu dem Kriege giebt Nicolaus eine ganz fabelhafte Geschichte an, die wahrscheinlich aus einer alten Sage übernommen ist und sich historisch nicht mehr verwerthen lässt. Maspéro sieht sogar in dem ganzen Kriege nichts Anderes, als eine Sage (vgl. S. 477). aber damit scheint er mir entschieden zu weit zu gehen; denn wenn schon die Bemerkung, dass Gyges den Sieg bei seiner Rückkehr nach Sardes glänzend gefeiert habe, kaum auf Erfindung beruhen kann, so haben wir doch zum Mindesten in der Angabe, dass Gyges das Gebiet von Magnesia durch wiederholentliche Einfälle verwüstet habe, einen sicheren historischen Kern. Gegen welches Magnesia übrigens der Zug des Gyges gerichtet war, wird aus dem Fragmente des Nicolaus nicht klar; am natürlichsten ist es, an dasjenige zu denken, welches Sardes am nächsten lag, also an Magnesia am Berge Sipylos.

Ueber die Ausdehnung des lydischen Reiches zur Zeit des Gyges belehrt uns eine Stelle bei Strabo im 13. Buche pag. 590; sie lautet folgendermassen: Ἄβυδος δὲ Μιλησίων ἐστὶ κτίσμα ἐπιτρέψαντος Γύγου τοῦ Λυδῶν βασιλέως· ἦν γὰρ ἐπ' ἐκείνῳ τὰ χωρία καὶ ἡ Τρωὰς ἅπασα, ὀνομάζεται δὲ καὶ ἀκρωτήριόν τι πρὸς Δαρδάνῳ Γύγας. Gewiss kann man mit Duncker annehmen, dass die Landschaft Troas erst durch Gyges den Lydern unterworfen worden ist, und nicht weniger Wahrscheinlichkeit hat auch die weitere Annahme Duncker's, dass die nach Daskylos, dem Vater des Gyges, benannte Stadt Daskyleion als eine Gründung des Gyges zu betrachten ist. Sie hat zur Zeit des dritten Mermnaden Sadyattes sicher existirt, wie man dies aus Nicolaus fr. 63 ersieht.

Von weiteren Kriegsthaten des Gyges wird bei den alten Schriftstellern nichts mehr erwähnt. Alles, was sie angeben, bezieht sich, wie wir gesehen haben, nur auf Unternehmungen gegen die Küste, und von sonstigen Kriegszügen findet sich bei ihnen keine Spur. Ob Gyges sich auch in Wirklichkeit auf Kriege gegen die Küstenstädte beschränkt hat, muss wohl dahingestellt bleiben, da wir aus dem Schweigen unserer Ueberlieferung hier nichts schliessen können; denn dieselbe geht doch ausschliesslich auf Griechen zurück, und dass diese auch für unwichtigere Kriege der Lyder an der nichtgriechischen Grenze besonderes Interesse gezeigt haben sollten, ist wohl kaum zu erwarten. Eine Ausfüllung der von den Griechen gelassenen Lücke wird uns nun von den Assyriologen geboten, nach deren Darstellung Gyges wiederholentlich schwere Kriege mit den Kimmeriern zu führen hatte, bis er schliesslich einmal in einem Kampfe gegen dieselben sein Leben verlor. Die Assyriologen entnehmen dieses aus einer Inschrift des assyrischen Königs Assurbanipal, die nach der bei Duncker I. 467 gegebenen Uebersetzung folgenden Wortlaut haben soll: „Die Kimmerier fürchteten weder meine Väter noch mich und nahmen das Joch meiner Herrschaft nicht an. Gugu (Gyges), König von Ludu (Lydien), ein Land über der See, ein entferntes Gebiet, dessen Namen meine Väter nicht gehört hatten, sendete einen Boten in meine Gegenwart, um meine Freundschaft zu erbitten und meine Füsse zu küssen. Von dem Tage an, an dem er mein Joch auf sich genommen, ergriff er Kimmerier, Verwüster seines Landes, lebend mit eigener Hand mitten im Kampfe. Aus der Zahl der gefangenen Führer band er zwei mit starken Fesseln von Eisen und sendete sie mit zahlreichen Geschenken nach Ninive, der Stadt meiner Herrschaft. Beständig schickte er Boten, um meine Freundschaft zu bitten. Er unterliess es, als er den Willen Assur's, des Gottes, meines Schöpfers, miss-achtete, seiner eigenen Macht traute und sein Herz verhärtete. Seine Macht sendete er Pisamilki (Psammetich), dem König von Aegypten, zu Hilfe, welcher das Joch meiner Herrschaft abgeworfen hatte. Ich hörte es und betete zu Assur und Istar also: möge sein Leib seinen Feinden hingeworfen, mögen seine Diener gefangen fortgeführt werden. Assur erhörte mich; sein Leib wurde seinen Feinden hingeworfen und seine Diener wurden gefangen fortgeführt. Die Kimmerier, welche er durch den Ruhm meines Namens unter seine Füsse gebracht hatte, eroberten und verwüsteten sein ganzes Land. Sein Sohn (Ardys) sass auf seinem Thron. Er sendete zu mir und nahm das Joch meiner Herrschaft an, also sprechend: Der König, welchen Gott gesegnet hat, bist du. Mein Vater trennte sich von dir und übel ward gethan zu seiner Zeit. Ich bin dein unterwürfiger Knecht und mein Volk wird allen deinen Willen erfüllen." Ueber die Zuverlässigkeit der hier gebotenen

Angaben wird von den Historikern verschieden geurtheilt. Duncker setzt darin auch nicht den leisesten Zweifel, während z. B. Gutschmid vor der Hand noch keine besonders grosse Lust zeigt, von allen jenen Angaben zur Bereicherung seines Wissens Gebrauch zu machen. Er äussert sich in der bekannten Anzeige der vierten Auflage von Duncker's Werk in Fleckeisen's Jahrbüchern von 1875 (Bd. 107), S. 584 mit folgenden Worten: „Wo der Boden so auf Schritt und Tritt unter den Füssen wankt, kann Ref. sich nicht so leicht, wie der Verf. (II. 489) entschliessen, allen bisher als gesichert geltenden Anschauungen über die Lebhaftigkeit der internationalen Beziehungen im alten Orient vor Kyros und den bestbeglaubigten Angaben über das sehr allmälige Vordringen der Mermnadendynastie an die Meeresküste zum Trotz, einer Andeutung in den Inschriften des Asurbanipal zu Liebe die innerlich so wahrscheinliche Erzählung Herodot's von den jonischen und karischen Seeräubern, die, von Psammetichos in Sold genommen, ihm seine Mitkönige überwinden halfen, zu verwerfen und aus ihnen Truppen des Gyges von Lydien zu machen, die dieser über Meer dem Psammetichos gegen die Assyrer zu Hilfe geschickt habe. Alles, was bisher über Lydien, Gyges und die Kimmerier aus den Keilinschriften verlautet, trägt ein gar absonderliches Gepräge und fordert ernste Zweifel heraus, ob auch Alles richtig verstanden und ob die einschlägigen geographischen Namen in die richtige Beziehung gesetzt worden sind — ganz abgesehen davon, dass es so undenkbar nicht wäre, dass Asurbanipal über diese auf einem entfernten Schauplatze spielenden Begebenheiten nichts Rechtes gewusst oder über Gyges einfach gelogen hätte."

Was wir von Gyges ausser seinen Kriegsthaten noch wissen, beschränkt sich auf eine einzige Angabe aus dem ersten Buche der Erotika des Klearch von Soli (vgl. F. H. G. II, 314, fr. 34), wonach Gyges eine Hetäre dermassen geliebt haben soll, dass er ihr, so lange sie lebte, sich selbst und die Regierung von Lydien ganz und gar überliess, und nachdem sie gestorben war, von allen Lydern im Lande ein Grabdenkmal errichten liess, das im Volksmunde den Namen τῆς ἑταίρας μνῆμα führte und weit hin über ganz Lydien sichtbar war. An der Angabe, dass Gyges einer seiner Geliebten ein Denkmal errichtet hat, möchte ich kaum zu zweifeln wagen, wenn ich allerdings auch dasjenige, was über die Leitung der Regierung durch dieselbe gesagt wird. für eine blosse Combination halte. die gerade auf Grund dieses Denkmals im Volke entstanden ist.

Auf Gyges folgte in der Regierung ein Sohn von ihm, der, wie wir oben bei der Besprechung der Königslisten gesehen haben, bei Herodot den Namen A r d y s führt und bei Xanthus wohl A l y a t t e s hiess. da nach Nicolaus fr. 63 der dritte Mermnade Sadyattes nicht Sohn des Ardys. sondern Sohn des Alyattes ist. Eine Entscheidung über den Namen zu treffen, ist hier um so schwerer, da auch Herodot c. 15 und 16 einer guten Quelle folgt. die, nach ihren knappen, durchweg sachlichen Notizen zu schliessen. wohl eine schriftliche gewesen sein muss (wenngleich sie sich auch mit Xanthus schon wegen des Widerspruches mit Nicolaus unmöglich identificiren lässt). Eine Vereinigung der Angaben von Herodot und Nicolaus lässt sich bei dem gänzlichen Schweigen unserer Ueberlieferung natürlich nicht versuchen; denn auch bei der Annahme. dass der Vater des Sadyattes überhaupt gar nicht zur Regierung gekommen sei, würde man dennoch immer gegen Herodot's Angabe, dass er Ardys hiess, verstossen.

Ueber die Thaten des zweiten Mermnaden bringt Nicolaus gar nichts und Herodot nur sehr wenig. Nach dem Berichte des Letzteren hat er einen Einfall in das Gebiet von Milet gemacht und ausserdem auch die Stadt Priene einmal erobert. An eine Aufrechterhaltung dieser Eroberung lässt sich allerdings nicht glauben, denn einmal hat nach Herodot's bestimmter Angabe vor Krösus überhaupt kein lydischer König einen dauernden Erfolg gegen griechische Städte gehabt und dann finden wir auch gerade Priene bei Diog. Laert. I. 83 schon mit Alyattes wieder in einem Kriege begriffen. — Nach Erwähnung der Kämpfe des Ardys mit den Griechen geht Herodot zu dem Zuge der Kimmerier nach Lydien über; er berichtet darüber mit folgenden Worten: ἐπὶ τούτου τυραννεύοντος Σαρδίων Κιμμέριοι ἐξ ἠθέων ὑπὸ Σκυθέων τῶν νομάδων ἐξαναστάντες ἀπίκοντο ἐς τὴν Ἀσίην καὶ Σάρδις πλὴν τῆς ἀκροπόλιος εἷλον. Unzweifelhaft sicher ist, was Herodot von der zur Zeit des zweiten Mermnaden erfolgten Eroberung von Sardes durch die Kimmerier erzählt, als fraglich betrachten müssen wir aber, ob die Kimmerier damals wirklich erst zum ersten Male aus ihren Wohnsitzen hervorgebrochen sind

und Kleinasien mit ihren Schaaren überschwemmt haben. Das
Vordringen grosser Völkerschaften wird von den Schriftstellern
in der Regel als ein einmaliges Factum dargestellt, während es
in Wirklichkeit meistens sehr allmälig erfolgt und aus einer
Reihe von einzelnen sich über viele Jahre hin erstreckenden
Wanderungszügen besteht. Dass es sich mit der Wanderung
der Kimmerier nicht anders verhält, wird aus Strabo ganz klar.
Man liest bei demselben I, pag 61 οἱ Κιμμέριοι, οἷς καὶ Τρῆρας
ὀνομάζουσιν, ἢ ἐκείνων τι ἔϑνος, πολλάκις ἐπέδραμον τὰ δεξιὰ
μέρη τοῦ Πόντου καὶ τὰ σινεχῆ αὐτοῖς, τοτὲ μὲν ἐπὶ Παφλαγόνας
τοτὲ δὲ καὶ Φρύγας ἐμβαλόντες, ἡνίκα Μίδαν αἷμα ταύρου πιόντα
φασὶν ἀπελϑεῖν εἰς τὸ χρεών. Λύγδαμις δὲ τοὺς αὐτοῦ ἄγων μέχρι
Λυδίας καὶ Ἰωνίας ἤλασε καὶ Σάρδεις εἷλεν, ἐν Κιλικίᾳ δὲ διεφϑάρη.
πολλάκις δὲ καὶ οἱ Κιμμέριοι καὶ οἱ Τρῆρες ἐποιήσαντο τὰς τοιαύτας
ἐφόδους· τοὺς δὲ Τρῆρας καὶ Κῶβον ὑπὸ Μάδυος τὸ τελευταῖον
ἐξελαϑῆναί φασι τοῦ τῶν Σκυϑῶν βασιλέως. Nach Lydien sind
die Kimmerier mindestens zweimal gekommen, da sie nach
Kallisthenes Sardes zu zwei verschiedenen Malen erobert haben,
vgl. Strabo XIII, p. 627 (Mueller Script. rer. Alex. m. S. 18, fr. 21):
Φησὶ δὲ Καλλισϑένης ἁλῶναι τὰς Σάρδεις ὑπὸ Κιμμερίων πρῶτον,
εἶϑ᾽ ὑπὸ Τρηρῶν καὶ Λυκίων, ὅπερ καὶ Καλλῖνον δηλοῦν τὸν τῆς
ἐλεγείας ποιητήν, ὕστατα δὲ τὴν ἐπὶ Κύρου καὶ Κροίσου γενέσϑαι
ἅλωσιν. Bei welchem Zuge Lygdamis (der übrigens auch
Plut. Mar. 11 erwähnt wird) Anführer gewesen ist, lässt sich
schwerlich entscheiden. Der erste der beiden Züge scheint noch
in die Zeit der Herakliden zu gehören und die bei Herodot erwähnte Eroberung von Sardes hat man wohl mit der zweiten
von Kallisthenes erwähnten Eroberung zu identificiren. Dass
bei derselben die Trerer als eroberndes Volk genannt werden,
hat natürlich nichts zu sagen, da sie ja ein Stamm der Kimmerier
gewesen sind (vgl. auch Strabo XIV, 647). Wahrscheinlich
hatten sie sich zuerst auf die Lycier geworfen und dann mit
ihnen zusammen einen Plünderungszug nach Lydien unternommen.
An der Erwähnung dieses Zuges bei Kallinos möchte ich keinen
Anstoss nehmen, da die bei Strabo XIV, pag. 647 gemachte
Schlussfolgerung, dass Kallinos älter gewesen sein müsste, als
Archilochos, durchaus nicht stichhaltig ist, und vielmehr aus
Athen. XII, 29 (pag. 525 c.) zu ersehen ist, dass der Untergang
von Magnesia am Mäander dem Kallinos bereits ebenso bekannt

gewesen ist, wie dem Archilochos. Der Vers, in welchem Kallinos auf den zweiten Kimmeriereinfall in Lydien hingewiesen hat, lautet: *νῖν δ' ἐπὶ Κιμμερίων στρατὸς ἔρχεται ὀβριμοεργῶν.* Strabo citirt ihn XIV. pag. 648 und fügt noch hinzu *ἐν ᾗ τὴν Σάρδεων ἅλωσιν δηλοῖ.* Als die Kimmerier Lydien angriffen, kam es ihnen natürlich nicht darauf an, das Land zu erobern, sondern sie raubten es nur möglichst vollständig aus und zogen dann bald wieder nach anderen Ländern weiter, wo ihnen noch neue Beute zu winken schien. Denn dass man sich in dieser Weise ihren Kriegszug vorzustellen hat, ergiebt sich aus Herod. I, 6 *τὸ γὰρ Κιμμερίων στράτευμα τὸ ἐπὶ τὴν Ἰωνίην ἀπικόμενον Κροίσου ἐὸν πρεσβύτερον οὐ καταστροφὴ ἐγένετο τῶν πολίων ἀλλ' ἐξ ἐπιδρομῆς ἁρπαγή.*

Der dritte Mermnade wird von Herodot und Nicolaus übereinstimmend Sa dy at te s genannt. Ersterer weiss über ihn im 16. Capitel, wo er noch seiner guten schriftlichen Quelle folgt, überhaupt gar nichts zu sagen und fügt erst c. 17 nachträglich hinzu, dass der Krieg, den Alyattes gegen Milet führte, bereits von seinem Vater Sadyattes begonnen war. Von Nicolaus erfahren wir fr. 63 nur über die Familienverhältnisse des Sadyattes einiges Nähere. Wir lernen hier zunächst einen gewissen Miletos kennen, der von einem Schwiegersohne des Gyges, Namens Melas, abstammte. Als directer Nachkomme des Gyges stand er in so grossem Ansehen am mermnadischen Hofe, dass er die Schwester des Sadyattes zur Frau erhielt. Dauernd sollte er sich jedoch dieses Ansehens nicht erfreuen, denn Sadyattes entriss ihm später wieder seine Schwester und zwang ihn, aus seinem Reiche zu entfliehen. Miletos richtete seine Flucht zuerst nach Daskyleion und später, als er sich auch hier noch verfolgt sah, nach Prokonensos. Nach der Vertreibung des Miletos nahm Sadyattes seine Schwester nach orientalischer Sitte selbst zur Frau und erzeugte mit ihr seinen Thronfolger Alyattes. Der Name der Schwester und . Gemahlin des Sadyattes war Lyde. Er ist erhalten von Xenophilos (vgl. F. H. G. IV, 530), der in dem uns erhaltenen Fragmente seiner lydischen Geschichte nach der Aehnlichkeit mit Nicol fr. 64 zu schliessen, ebenfalls auf Xanthus beruht. Bald nach seiner Vermählung mit der Lyde hat Sadyattes nach Nicol. fr. 63 noch zwei andere Weiber geheirathet, die untereinander

Schwestern waren, und mit ihnen zwei nicht ebenbürtige Söhne
erzeugt, nämlich mit der einen den Attalis und mit der anderen
den Adramys. — Von Kriegsthaten des Sadyattes findet man
in den Fragmenten des Nicolaus nichts erwähnt, wenn man nicht
etwa mit Duncker II, 587 aus fr. 64 herauslesen will, dass der
daselbst erwähnte Krieg mit Smyrna nicht der von Herodot
erwähnte Krieg des Alyattes, sondern vielmehr ein sonst ganz
unbekannter Krieg des Sadyattes sei. Das Fragment lautet
wörtlich: ὅτι Ἀλυάττης ὁ Σαδυάττεω υἱὸς, βασιλεὺς Λυδῶν, ἕως
μὲν νέος ἦν, ὑβριστὴς ἦν καὶ ἀκόλαστος. ἐκβάς δὲ εἰς ἄνδρα,
σωφρονέστατος καὶ δικαιότατος. Ἐπολέμησε δὲ Σμυρναίοις καὶ
εἷλεν αὐτῶν τὸ ἄστυ. Bei Suidas liest man ἐγέννησε δὲ Ἀλυάττην,
ὅστις ἕως μὲν νέος ἦν und dann wörtlich dasselbe wie bei Nicolaus.
Dabei wäre ἐπολέμησε natürlich auf den Vater des Alyattes zu
beziehen, aber offenbar handelt es sich hier nur um eine Ungenauigkeit, die durch eine Verkürzung am Anfange entstanden
ist (vgl. fr. 63). Duncker hat übrigens das Fragment nicht nur
für den angeblichen Krieg des Sadyattes, sondern S. 591 auch
für den Krieg des Alyattes citirt.

Nach dem Tode des Sadyattes folgte sein Sohn Alyattes
auf den lydischen Thron. Ueber seine Jugendzeit hatte Xanthus
einige Bemerkungen gemacht, die ihn in keineswegs günstigem
Lichte darstellten (vgl. Nicol. fr. 64 und namentlich das citirte
Fragment des Xenophilos). Alyattes soll nämlich, so lange er
jung war, sehr übermüthig und zügellos gelebt haben und sogar
so weit gegangen sein, dass er angesehene Lyder beschimpfte,
indem er ihnen die Kleider zerriss und sie anspie. Erst als er
in das Mannesalter gekommen war, soll er sich durch Liebe zu
seiner Mutter Lyde haben bestimmen lassen, andere Bahnen ein-
zuschlagen, und sich dann so vollständig geändert haben, dass
er bald ein durch Weisheit und Gerechtigkeit hervorragender
Herrscher geworden ist.

Von den Kriegsthaten des Alyattes ist zuerst zu erwähnen
ein Krieg mit Milet. Derselbe hat, wie Herodot I, 18 und 19
angiebt, schon unter Sadyattes seinen Anfang genommen und
im Ganzen zwölf Jahre gedauert. Von diesen zwölf Jahren
sollen die sechs ersten noch in die Zeit des Sadyattes und die sechs
übrigen in die Zeit Alyattes gefallen sein. Duncker lässt den
Sadyattes, wie wir S. 17 gesehen haben, überhaupt nur 5 Jahre

regieren, hält aber trotzdem die Halbirung der zwölfjährigen Kriegszeit für so zuverlässig, dass er ihr zu Liebe den Ausbruch des Krieges gegen das ausdrückliche Zeugniss des Herodot schon in die Zeit des Ardys verlegt. Ueber den Verlauf des milesischen Krieges giebt Herodot c. 17 bis 22 einen sehr ausführlichen Bericht, welcher etwa folgenden Inhalt hat: Während des Krieges kamen in jedem Jahre, wenn das Getreide reif war, die Lyder mit klingendem Spiel in das Gebiet von Milet gezogen, vernichteten hier die Ernte, schlugen die Bäume nieder und liessen nichts Anderes unversehrt, als die zur Saatbestellung nothwendigen Gebäude auf den Feldern. Letztere verschonten sie allein deshalb, weil sie die Lyder stets zu neuer Saatbestellung verlocken und sich selbst dadurch immer wieder Gelegenheit zu neuen Verwüstungen verschaffen wollten. Die Milesier versuchten den Lydern Widerstand zu leisten, wurden aber in zwei Schlachten geschlagen, von denen die eine in dem zu ihrem Gebiete gehörigen Limeneion stattfand und die andere in der Ebene des Mäander. Zur Unterstützung hatten die Milesier bei diesem Kampfe von allen jonischen Griechen nur allein die Chier gehabt, welche gekommen waren, um sich für frühere Hilfe erkenntlich zu beweisen, die ihnen die Milesier einmal in einem Kriege gegen Erythrä geleistet hatten. Als der Krieg sich bis in das zwölfte Jahr hinein hingezogen hatte, traf es sich einmal, dass beim Niederbrennen eines Saatfeldes auch der Tempel der Athene von Assesos mit in Brand gerieth. Alyattes nahm sich diesen Vorfall nicht weiter zu Herzen und kehrte, ohne sich um den Wiederaufbau des Tempels zu kümmern, nach Sardes zurück. Bald nachdem er hier angekommen war, verfiel er nun aber in eine Krankheit, die sich sehr in die Länge zog, und als er deswegen in Delphi anfragen liess, antwortete die Pythia seinen Boten, dass sie ihnen nicht eher ein Orakel ertheilen werde, als bis der Tempel der Athene zu Assesos wieder würde aufgebaut sein. In dieser Weise, sagt Herodot, erzählen es die Delpher, während die Milesier noch hinzusetzen, dass Thrasybul, der damalige Tyrann von Milet, von seinem Freunde Periander von Korinth von diesem Orakelspruche in Kenntniss gesetzt worden sei, damit er sich in seinem Verhalten zu Alyattes darnach richten könne. Alyattes schickte also auf die Kunde von dem Orakelspruche sofort einen Herold nach

Milet, um mit Thrasybul für die Zeit, in welcher der Tempel
wieder aufgebaut werde, einen Waffenstillstand zu schliessen.
Als dieser Herold in Milet eintraf, hatte nun Thrasybul in Folge
der Meldung Periander's bereits eine List in's Werk gesetzt, die
ihn über die Zustände in Milet vollständig täuschen musste und
daher Veranlassung bot, dass Alyattes den Krieg sofort aufgab.
Er hatte nämlich den Milesiern befohlen, alles Getreide, das noch
in der Stadt vorhanden war, auf dem Markte zusammenzuhäufen
und sich allgemein in Fröhlichkeit und Festgelagen zu ergehen,
und da der Herold dieses gesehen und dem Alyattes davon
Meldung gemacht hatte, verzweifelte Letzterer daran, die Stadt
durch Hunger zu bezwingen und erklärte sich zu dem Abschlusse
des Friedens bereit. Nach dem Friedensschlusse erbaute er der
Athene in Assesos statt des abgebrannten Tempels zwei andere
Tempel, worauf er dann von seiner langen Krankheit sofort
wieder genas. Als Gewährsmänner für seine Erzählung nennt
Herodot c. 20, wie wir gesehen haben, die Delpher und ausser
ihnen noch die Milesier selbst. Die Berichte von beiden hat
er, um nichts umkommen zu lassen, mit vieler Sorgfalt aus
einander ergänzt und in Folge dessen eine Erzählung geliefert,
die an Uebervollständigkeit mehrfach leidet. Durch diese Uebervollständigkeit wird es uns nun aber möglich gemacht, die beiden
zusammengewachsenen Bestandtheile an einzelnen Stellen wieder
auseinander zu halten und so die ursprünglich dem Herodot zugegangenen Berichte annähernd zu reconstruiren. Sehr in die
Augen springend ist die Uebervollständigkeit namentlich bei der
Motivirung des Friedensschlusses. Alyattes wird zu demselben
durch zwei verschiedene Gründe bestimmt, nämlich erstens durch
seine Krankheit und den durch sie veranlassten Orakelspruch
und zweitens durch die List des Thrasybul. Jeder von den
beiden Gründen ist für sich allein schon vollkommen ausreichend
und daher bietet eine ursprüngliche und einheitliche Erzählung
für beide nebeneinander keinen Platz. Der erste Grund ist nun
natürlich der delphischen Erzählung zuzuweisen und der zweite
ist ausschliessliches Eigenthum der Erzählung von Milet. In
der delphischen Erzählung war selbstverständlich nicht nur von
dem Aufbau, sondern auch von dem Brande des Tempels gehandelt,
und dann auch ohne Frage von der Verheerung der Felder und
von dem Niederbrennen des Saatfeldes, weil doch gerade hier-

durch der Brand des Tempels verursacht war. In die milesische Erzählung gehören ausser Allem, was mit der List des Thrasybul im Zusammenhange steht, noch die sich durch topographische Genauigkeit auszeichnenden Angaben über die beiden Niederlagen der Milesier, sowie auch die Entschuldigung dieser Niederlagen durch das Ausbleiben sämmtlicher Stammesgenossen bis auf die Chier, nebst den Bemerkungen über die Betheiligung der Milesier an einem früheren Kriege zwischen Chios und Erythrä, und dann vielleicht auch noch am Anfange die Angabe, dass die Lyder unter klingendem Spiele angezogen kamen, weil doch schliesslich das Resultat diesem pomphaften Anfange nur sehr wenig entsprach.

Herodot hat die beiden ihm zugegangenen Berichte ganz unverfälscht zusammengestellt und eine Commissur nur an einer einzigen Stelle im 20. Capitel gemacht. Er sagt hier nämlich: *Μιλήσιοι δὲ τάδε προστιθεῖσι τούτοισι, Περίανδρον τὸν Κυψέλου ἐόντα Θρασυβούλῳ τῷ τότε Μιλήτου τυραννεύοντι ξεῖνον ἐς τὰ μάλιστα, [πυθόμενον τὸ χρηστήριον τὸ τῷ Ἀλυάττῃ γενόμενον], πέμψαντα ἄγγελον κατειπεῖν, ὅκως ἄν τι προειδὼς πρὸς τὸ παρεὸν βουλεύηται.* Man kann hier Herodot's Quellenangabe unmöglich so wörtlich nehmen, dass man ihr zu Liebe auch die in Klammer gesetzten Worte in den milesischen Bericht verweist; in den delphischen Bericht können sie andererseits auch wieder nicht gehören, da dieser von Periander's Sendung zu Thrasybul überhaupt nichts gewusst hat, und so können wir dann in den in Rede stehenden Worten nichts Anderes sehen, als eine bei der Verschmelzung beider Berichte entstandene eigene Motivirung des Herodot.

Die delphischen Nachrichten über den milesischen Krieg sind dem Herodot früher zu Ohren gekommen, als die der Milesier selbst, wie sich dies aus den soeben citirten Worten *Μιλήσιοι δὲ τάδε προστιθεῖσι τούτοισι* deutlich ergiebt. Als Herodot nun zu den Milesiern im Besitze einer ganz anderen Geschichte kam und ihnen dieselbe nach dem Anhören ihrer eigenen Geschichte entgegenhielt, liessen diese sich zwar die Krankheitsgeschichte gefallen, betrachteten dieselbe aber nur als irrelevantes Beiwerk und stellten ihr gegenüber die von ihnen selbst angegebene Motivirung des Friedensschlusses mit solcher Entschiedenheit als die allein massgebende hin, dass Herodot sich veranlasst fühlte, nach dem Berichte über die List des Thrasybul zu sagen ὡς ἐγὼ πυνϑάνομαι δι οὐδὲν ἄλλο ἐγένετο ἡ διαλλαγή. Stein muss hier den Sachverhalt gänzlich verkannt haben, da er zu den citirten Worten bemerkt „anders und für sich ruhmvoller mochten die Milesier erzählen".

Nach der Wiederherstellung der beiden ursprünglichen Erzählungen haben wir uns jetzt noch die Frage vorzulegen, wie viel in ihnen als gut überlieferte Thatsache festzuhalten ist. Ich glaube, dass dieses etwa auf Folgendes hinauskommen muss: Obwohl die Milesier in dem Kriege keine anderen Bundesgenossen hatten, als die Chier, so hielten sie sich anfangs doch für stark genug, um die Lyder in offenem Felde zu bestehen, mussten aber für ihre Kühnheit büssen, indem sie zweimal geschlagen wurden, zuerst bei Limeneion und dann in der Ebene des Mäander, und haben darauf weitere Kämpfe überhaupt nicht mehr versucht. Die Lyder konnten trotz ihres Sieges einen Angriff auf die Stadt nicht wagen und beschränkten sich daher auf wiederholentliche Verwüstungen ihres Gebietes. Dabei kam es einmal, dass bei dem Niederbrennen eines Saatfeldes auch der Tempel der Athene von Assesos in Flammen aufging und zum Ersatz dafür hat dann Alyattes der Athene einen oder vielleicht auch zwei neue Tempel erbaut. Die Angaben über die Krankheit des Alyattes und deren Heilung enthalten sicher noch einen historischen Kern, da Herodot die Geschenke, welche Alyattes nach seiner Genesung dem Tempel gemacht hatte, bei seinem Aufenthalte in Delphi noch selbst gesehen hat. Gewiss sind also zwei miteinander ursprünglich gar nicht in Beziehung stehende Thatsachen aus der Geschichte des Alyattes, nämlich seine Anfrage wegen der Versöhnung der Athene und sein Dank für die Genesung von einer schweren Krankheit, in Delphi nach einem dort geläufigen Schema derartig mit einander in Zusammenhang gebracht, dass schliesslich eine Geschichte herauskam, die zum Hauptzweck die Verherrlichung des Orakels hat. — Von noch geringerem Werthe als die delphische Erzählung von dem Friedensschluss ist die Version in dem Berichte von Milet. Bei derselben kann von thatsächlicher Grundlage überhaupt nicht mehr die Rede sein, da Alyattes sich doch unmöglich hätte einbilden können, dass es ihm gelingen werde, ohne Beherrschung des Meeres eine Handelsstadt wie Milet jemals durch Hunger zu bezwingen. Es handelt sich hier also nur um eine reine Anekdote, und dazu noch um eine Anekdote, die in etwas veränderter Form bei der Belagerung anderer Städte noch wiederkehrt (vgl. Diog. I, 83 und Polyaen. VII, 36) und daher wohl gar nicht einmal in Milet selbst ihren Ursprung hat, sondern erst von einer nicht direct am Meere gelegenen Stadt dorthin importirt ist.

Ebenso wie gegen Milet hat Alyattes auch noch gegen einzelne andere griechische Städte einen Angriff versucht. Zunächst wandte er sich gegen die Städte Smyrna und Kolophon, auf welche die Lyder es nächst Milot wohl am meisten abgesehen hatten, weil ja auch Gyges gerade mit Milet, Smyrna und Kolophon seine Kämpfe begann. Alyattes hat bessere Erfolge gehabt als Gyges, da ihm eine mindestens vorübergehende Eroberung beider Städte gelang. Ueber den Krieg gegen Smyrna äussert sich Herodot c. 16: Σμίρνην τε τὴν ἀπὸ Κολοφῶνος κτισθεῖσαν εἷλε und Nicolaus fr. 64 ἐπολέμησε δὲ Σμυρναίοις, καὶ εἷλεν αὐτῶν τὸ ἄστυ. In diesen Worten bedeutet ἄστυ natürlich die ganze Stadt mit Einschluss der Burg, denn mit der Erklärung, dass es nur die Unterstadt sei, käme man an dieser Stelle obendrein noch in directen Widerspruch mit Herodot. — Neben Herodot und Nicolaus zieht man noch Strabo als Zeugen für die Eroberung von Smyrna in Betracht, wenn allerdings auch in einer Stelle, die in einzelnen Punkten der Berichtigung noch sehr bedarf. Strabo sagt nämlich XIV, pag. 646: Λυδῶν δὲ κατασπασάντων τὴν Σμύρναν περὶ τετρακόσια ἔτη διετέλεσεν οἰκουμένη κωμηδόν· εἶτα ἀνήγειρεν αὐτὴν Ἀντίγονος, καὶ μετὰ ταῦτα Λυσίμαχος, καὶ νῦν ἐστι καλλίστη τῶν πασῶν. In diesen Worten machen zunächst die vierhundert Jahre Schwierigkeiten, denn wenn man von Antigonus aus um vierhundert Jahre zurückgeht, so kommt man nicht auf Alyattes hinaus, sondern auf eine sogar noch vor Gyges liegende Zeit. Ein weiteres Befremden verursacht dann noch die gänzliche Zerstörung und Auflösung von Smyrna, da doch nach der schon mehrfach citirten Stelle Herod. 1, 6 vor Krösus überhaupt kein lydischer König eine griechische Stadt in Knechtschaft gebracht hat, und ausserdem auch Pindar Smyrna noch als glänzende Stadt kennt (vgl. Boeck fr. 182 καὶ λιπαρῷ Σμυρναίῳ ἄστει), Duncker hilft nun hier, indem er die Zahl 400 auf 300 und das κωμηδὸν οἰκεῖν auf das Wohnen in einem offenen Orte reducirt. Das *ἀναγείρειν* des Antigonus muss er selbstverständlich als blossen Mauerbau erklären, und dann bleibt nach seiner Auffassung der Stelle wohl kaum noch etwas Werthvolles in derselben bestehen. Meinem Urtheile nach hat man unter allen Umständen festzuhalten, dass die Smyrnäer lange Zeit hindurch genöthigt gewesen waren, in Dorfschaften zertheilt zu wohnen, bis ihnen endlich Antigonus wieder zur Gründung einer gemeinschaftlichen Stadt verhalf. Dass die Zerstörung und Auflösung der Stadt durch Alyattes bewirkt worden war, ist unzweifelhaft falsch, und jedenfalls nimmt Strabo auch erst auf eine spätere, nicht vor Pindar's Zeit erfolgte Eroberung Bezug. Wäre die von ihm gemeinte Eroberung wirklich noch von den Lydern gemacht, so liesse es sich, von dem Widerspruche mit Pindar ganz abgesehen, auch schon gar nicht erklären, weshalb die Smyrnäer noch bis auf Antigonus haben warten müssen, während bei der Annahme einer ihnen von den Persern zudictirten Strafe ihr langes Warten sich sehr einfach erklärt. — Dem Berichte Strabo's lag gewiss eine Quelle zu Grunde, die von den Geschicken der Stadt Smyrna von den Zeiten der lydischen Kriege ab bis auf Lysimachus herab im Zusammenhang gehandelt hat, aber im Einzelnen ist diese Quelle durch mangelhaftes Excerpiren oder Missverständnisse bereits mehrfach entstellt. Es wird ursprünglich darin etwa gesagt gewesen sein, dass Smyrna in älterer Zeit von den Angriffen der Lyder sehr viel zu leiden gehabt hatte, dass es schliesslich einmal ganz zerstört und in eine Reihe von kleinen Dorfschaften aufgelöst wurde, und dass dann die Smyrnäer in diesen Dörfern lange wohnen mussten, bis mehr als 400 Jahre nach der ersten Gründung der Stadt endlich Antigonus wieder die Neugründung derselben unternahm.

Mit dem Kriege des Alyattes gegen Smyrna ging vielleicht auch ein Angriff gegen dessen Mutterstadt Kolophon Hand in Hand. Obwohl Kolophon bereits von Gyges erobert war, hat es doch in der ersten Zeit des Alyattes wieder eine selbstständige Stellung gehabt. Bei Polyän VII, 2, 2 schliessen die Kolophonier mit Alyattes ein Bündniss und eben dasselbe Bündniss wird wohl auch Phylarch im Sinne haben, wenn er fr. 62 (bei Athen. XII, 31, pag. 526) behauptet, dass der sprüchwörtlich gewordene Luxus der Kolophonier von ihrer Befreundung und Bundesgenossenschaft mit den Lydern datirt. Nach der Polyänstelle soll Alyattes das Bündniss gemissbraucht haben, um die in seinem Heere dienenden kolophonischen Reiter hinterlistig zu ermorden und dann mit den Pferden derselben seine eigenen Hopliten beritten zu machen. Wenn diese Erzählung überhaupt einen historischen Hintergrund haben sollte, so könnte man vielleicht vermuthen, dass Alyattes den Bruch der Bundesgenossenschaft und die offene Feindschaft gegen Kolophon mit einer hinterlistigen Niedermetzelung der in seinem Heere dienenden Vornehmen aus der Stadt begann. Dass es darüber wirklich zum Kriege mit Kolophon kam, lässt sich mit Bestimmtheit nicht sagen, und noch viel weniger steht fest, dass das Resultat eines solchen Krieges die Eroberung von Kolophon gewesen sei, da die von Theognis v. 1103 gemachte Bemerkung, dass auch Kolophon durch Uebermuth in's Verderben gekommen sei, ja noch einen Spielraum bis zur Zeit des jonischen Aufstandes lässt.

Nach Herodot I, 16 hat Alyattes auch gegen Klazomenä einen Kriegszug unternommen, aber die Eroberung der Stadt nicht erreicht und sich mit einem blossen Einfall in ihr Gebiet begnügt.

Von einem Kriege des Alyattes gegen Priene wird Diog. Laert. I, 83 erzählt. Wir erfahren hier, dass Bias den Alyattes über die Zustände in Priene täuschte, indem er zwei gemästete Maulesel in sein Lager treiben liess und darauf, als dann Alyattes in Folge dessen Gesandte zu Friedensverhandlungen in die Stadt schickte, die Täuschung noch weiter trieb, indem er grosse Sandhaufen zusammenhäufen und oben mit Getreide beschütten liess, worauf denn Alyattes sich sofort zum Frieden entschloss. Diogenes erzählt hier, wie wir sehen, von der Belagerung von Priene eine ähnliche Geschichte, wie Herodot von der Belagerung von Milet. Offenbar ist sie in Wirklichkeit weder in Priene noch in Milet, noch sonst an irgend einem Orte passirt, aber trotzdem wird die Scene, welche man für die Erzählung wählte, gewiss geschichtlichen Grund haben, und somit auch der Krieg des Alyattes gegen Priene eine wirkliche Thatsache sein.

Gegen die Kimmerier hat Alyattes recht ruhmvoll gekämpft, da ihm nach Herod. I, 16 die gänzliche Vertreibung derselben aus Asien gelang.

Auch gegen die Karer hat Alyattes nach Nicol. fr. 65 gekämpft. Als der Krieg eröffnet werden sollte, liess er alle seine Unterbefehlshaber an einem bestimmten Tage mit ihren Contingenten in Sardes zusammentreffen. Unter ihnen befand sich auch Krösus, der damals Statthalter von Adramyttion und Thebe war, woraus zu schliessen ist, dass der Krieg schon in die letzten Regierungsjahre des Alyattes fällt. Das Resultat des Krieges dürfte die Unterwerfung Kariens gewesen sein, da Herodot in dem I, 28 gegebenen Verzeichnisse der Unterthanen des Krösus auch die Karer unter ihnen mit aufgezählt hat.

Der bedeutendste Krieg, den Alyattes zu führen hatte, ist der gegen den Mederkönig Cyaxares. Sowohl die Lyder als auch die Meder waren in dieser Zeit mit grosser Energie an der Erweiterung ihrer Herrschaft thätig und hatten dieselbe auch schon über so viele Völker ausgedehnt, dass sie an dem Flusse Halys mit ihren Grenzen bereits zusammenstiessen und daselbst ihrem weiteren Vordringen gegenseitig ein Ziel setzten. Die unvermeidliche Folge dieses beiderseitigen Anwachsens war ein entscheidender Krieg. Ueber die Veranlassung zu dem Kriege hat Herodot I, 73 ausführlich berichtet: er erzählt, es hätte sich dabei um die Auslieferung einiger scythischer Flüchtlinge gehandelt; dieselben hätten zuerst bei Cyaxares freundliche Aufnahme gefunden, wären dann aber einmal von ihm hart behandelt worden und hätten ihm aus Rache dafür einen ihnen zur Ausbildung von ihm anvertrauten Knaben gebraten zur Speise vorgesetzt; aus Furcht vor Strafe wären sie dann zu Alyattes geflohen und von demselben, obwohl Cyaxares ihre Auslieferung verlangte, dennoch in Schutz genommen und der verdienten Strafe für ihren Frevel entzogen worden. In der hier angegebenen Gestalt die Erzählung anzunehmen, ist natürlich nicht möglich, gewiss aber hat Grote das Richtige getroffen, der darin (Gesch. Griechenl. übers. v. Meissner Bd. II, S. 181, Anm. 27) einen Hinweis auf den Uebertritt nomadischer Horden von einer Regierung zur anderen sieht, wie er im Oriente oft vorkommt, und dann nicht nur in ganz historischer Zeit, sondern selbst noch in der Gegenwart häufig Anlass zum Kriege giebt.

Ueber den Verlauf des Krieges bringt Herodot I, 74 einige Angaben, die recht glaublich sind. Darnach hatte der Krieg sich mit wechselndem Glücke fünf Jahre lang hingezogen, bis endlich im sechsten Jahre der Friedensschluss in Folge eines eigenthümlichen Umstandes zu Wege kam. Als nämlich einmal beide Völker gerade in heftigem Kampfe mit einander begriffen waren, trat auf einmal eine Sonnenfinsterniss ein, die den Tag plötzlich in Nacht verwandelte, und dieses Ereigniss setzte die Kämpfenden dermassen in Furcht, dass sie sofort vom Kampfe abstanden und gleich dem ganzen Kriege durch Friedensschluss ein Ende machten. Vermittelt wurde der Friede durch Syennesis von Cilicien und Labynet von Babylonien, die wohl auf beiden Seiten Bundesgenossen waren. Zur Besiegelung des Friedens gab Alyattes seine Tochter Ἀρύηνις dem Astyages, der der Sohn des Cyaxares war, zur Frau. Alle diese Angaben sind vollkommen glaubwürdig und gehen, nach der Beibringung der fremden Namen zu schliessen, auf die von Herodot benutzte schriftliche Quelle zurück.

Für die Bestimmung der Zeit des Krieges kommt natürlich die Angabe über die Sonnenfinsterniss vor Allem in Betracht. Bekanntlich hat man hier zwischen zwei verschiedenen Finsternissen die Wahl, von denen die eine auf den 30. September 610 und die andere auf den 28. Mai 585 fällt. Hält man sich an die erste Finsterniss, so macht es Schwierigkeiten, den Krieg in der Zeit des Alyattes noch unterzubringen, da das Hinauf-rücken von dessen Regierungsantritt bis über das Jahr 615 hinaus doch kaum noch statthaft ist, und will man sich lieber an die zweite Finsterniss halten, so stösst man wieder auf Schwierigkeiten bei Cyaxares, da Herodot I, 130 dessen Tod 35 Jahre vor die Erhebung des Cyrus, also bereits in das Jahr 593 setzt. In der Regel entscheidet man sich für die Finster-niss des Jahres 610, wie z. B. Duncker (II, S. 476, Anm. und S. 589), der bei seiner frühen Ansetzung der Einnahme von Sardes (549 v. Chr.) die Sonnenfinsterniss selbst noch in die Regierung des Alyattes hineinbringt, aber den Ausbruch des Krieges in die Zeit des Sadyattes setzt. Andere ziehen die Finsterniss des Jahres 585 vor und nehmen dann an, dass bei Herodot Cyaxares mit seinem Sohne Astyages verwechselt sei. Sie stützen ihre Annahme damit, dass einige Schriftsteller die Sonnenfinsterniss in die Zeit des Astyages verlegen (z. B. Cic. de. div. I, 49, 112), allein die Angabe dieser Schriftsteller beruht, wie G. F. Unger, Cyaxares und Astyages (Abh. d. baierisch.

Ac. d. Wiss. I. Cl., XVI. Bd., III. Abth., München 1882) S. 35 richtig bemerkt, nur auf einer Correctur der Chronographen. Die Annahme einer Verwechselung des Herodot wird übrigens auch schon durch seine Angabe über die Verheirathung der beiderseitigen Kinder bei dem Friedensschlusse vollständig widerlegt. Unger entgeht den Schwierigkeiten dadurch, dass er, auf eine neuentdeckte Keilinschrift gestützt, den Regierungsantritt des Cyrus in das Jahr 550 setzt und somit auch den Sturz des Astyages und die Zeit seines Vaters Cyaxares um neun Jahre verschiebt. Die einfachste Lösung ergiebt sich aber aus der auch Unger entgangenen Bemerkung Rawlinson's, dass Herodot's Zahlen der Regierungsjahre der medischen Könige alle gemacht sind (vgl. Herodotus, Vol. I, S. 341, Anm. 6). Herodot setzt nämlich I, 102, 106, 107 und 130 an für Dejoces 53 Jahre, für Phraortes 22 Jahre, für die Scythenherrschaft 28 Jahre, für Cyaxares 12 Jahre und für Astyages 35 Jahre, für alle fünf Regierungen zusammen also $150 = 5 \times 30$ Jahre. Diese 150 Jahre sind nun wieder in einer solchen Weise zerlegt, dass über die Art ihrer Entstehung kein Zweifel mehr bleibt. Sie zerfallen nämlich erstens in zwei genau gleiche Hälften, da sowohl $53 + 22$ als auch $28 + 12 + 35 = 75$ ist, und zweitens in $50 + 100$, da $22 + 28 = 50$ und $53 + 12 + 35 = 100$ ist, wobei dann 100 wieder zerlegt ist in $50 + 3$ (53) und $50 - 3$ (12 + 35), so dass man jetzt also die drei Gruppen $50 + 3$, 50 und $50 - 3$ erhält. Zahlen, die von Herodot unabhängig wären, liegen weder bei den Chronographen noch sonst irgend wo vor, und daher ist es nicht möglich, über die Zeit der einzelnen Könige sichere Aufstellungen zu machen und insbesondere von Cyaxares bestimmt zu behaupten, ob er im Jahre 585 noch regiert habe oder nicht. Die Wahl zwischen den beiden Finsternissen von 610 und 585 bleibt unter diesen Umständen also wieder frei und meiner Ansicht nach muss sie nun wohl auf die letztere fallen, da für diese folgende Umstände entscheidend sind:

1. Nur die Sonnenfinsterniss des Jahres 585 ist eine totale gewesen (vgl. Unger, S. 35) und würde also einerseits den gewaltigen Schrecken, welcher die beiden Heere befiel, am besten erklären, und andererseits dem von Herodot gewählten Ausdruck συνήνεικε ὥστε τὴν ἡμέρην ἐξαπίνης νύκτα γενέσθαι (I, 74) auch wirklich vollständig entsprechen.

2. Auch von den alten Chronologen war die bei Herodot erwähnte Sonnenfinsterniss mit der Sonnenfinsterniss des Jahres 585 bereits identificirt. Herodot sagt nämlich I, 74, dass die Sonnenfinsterniss, welche dem Kriege ein Ende machte, von Thales vorausgesagt war, und Plinius hat die von Thales vorausgesagte Sonnenfinsterniss genau in das Jahr 585 gesetzt. Er sagt nat. hist. II, 9 (12) apud Graecos autem investigavit primus omnium Thales Milesius Olympiadis XLVIII anno quarto (585 v. Chr.) praedicto solis defectu, qui Alyatte rege factus est, urbis conditae anno CLXX. Dass schon die Alten das richtige Jahr der Sonnenfinsterniss durch Zurückberechnung gefunden und dann hinterher den Friedensschluss und die Prophezeihung des Thales irrthümlich darauf übertragen hätten, ist kaum anzunehmen, vielmehr ist die einfachste Erklärung für die Richtigkeit der Angabe des Plinius, dass sie auf guter alter Ueberlieferung beruht, und dass also das Jahr 585 als Datum des durch die Sonnenfinsterniss herbeigeführten Friedensschlusses gleich von vorn herein notirt war.

3. Wenn man beim Festhalten der Sonnenfinsterniss von 610 den Ausbruch des Krieges noch in die Zeit des Alyattes verlegt, so ist man genöthigt, selbst wenn man nur auf das erste Regierungsjahr desselben hinauskommen will, dennoch seine gesammte Regierungszeit um noch etwa sechs Jahre länger auszudehnen, als die Chronographen es schon thun. Will man sich aber helfen, indem man nach Duncker's Vorgange nur den Friedensschluss unter Alyattes setzt und den Anfang des Krieges noch in die Zeit des Sadyattes verlegt, so verstösst man unnöthiger Weise gegen die Angabe des Herodot

4. Man hat nie beachtet, dass Alyattes zur Zeit des Friedensschlusses schon eine heirathsfähige Tochter hat und damals also selbst in einem Alter von etwa vierzig Jahren stand. Fand der Friedensschluss schon im Jahre 610 statt, so müsste er nachher noch bis zu seinem neunzigsten Lebensjahre regiert haben; ferner müsste er dann erst im fünfundfünfzigsten Jahre seinen ältesten Sohn Krösus erzeugt und hinterher noch eine oder zwei andere Frauen geheirathet haben, die ihm den Pantaleon und noch einige andere Kinder gebaren. Ausserdem würde auch seine Tochter Aryenis, wenn sie 610 schon etwa achtzehn Jahre alt war, ungefähr 33 Jahre älter gewesen sein, als der älteste von

ihren Brüdern, da Krösus um 595 geboren ist, während sie,
wenn man den Friedensschluss in das Jahr 585 setzt, etwa 603
geboren sein würde und mithin nur ungefähr acht Jahre älter
wäre als Krösus. Natürlich kann der Altersunterschied zwischen
den beiden Geschwistern auch noch geringer gewesen sein, da
das Herabrücken der Geburt der Aryenis und das Heraufrücken
der Geburt des Krösus um einige Jahre wohl keiner besonderen
Schwierigkeit unterliegt.

Um die Zeit des Krieges zwischen Medien und Lydien zu
bestimmen, hat man öfters auch die allgemeinen politischen
Verhältnisse zur Zeit des Alyattes in Betracht gezogen und
daraus je nach Bedürfniss entweder für das eine oder für das
andere Jahr Gründe zur Unterstützung herzuleiten versucht.
So ist z. B. einerseits Stein zu Herod. I, 74 der Ansicht, dass
der Krieg in die Zeit von 615 bis 610 durchaus nicht hineinpassen würde und andererseits wieder Duncker Bd. II, S. 476
Anm. ebenso fest überzeugt, dass er zu dem späteren Datum
nicht passt, da damals Labynet nicht ein Interesse gehabt hätte,
zu vermitteln, sondern eher noch die beiden Krieg führenden
Völker von Neuem zusammenzuhetzen. Man kann aus solchen
Widersprüchen nur wieder ersehen, dass es sehr misslich ist,
da wo alle Detailkenntnisse fehlen, politische Combinationen zu
machen, und dass man dieselben in unserem Zeitraume als Be-
weismittel zu verwenden von vorn herein schon unterlassen muss.

In der letzten Zeit seines Lebens war Alyattes damit beschäftigt, ein grossartiges Grabmal für sich herstellen zu lassen.
Herodot hat dasselbe bei seiner Reise nach Sardes selbst gesehen
und beschreibt es I, 93 mit folgenden Worten: „Lydien hat
ein Werk aufzuweisen, welches, abgesehen von den ägyptischen
und babylonischen Werken, weitaus das grösste ist. Es ist
daselbst nämlich das Grabmal des Alyattes, des Vaters des
Krösus. Der Unterbau desselben besteht aus grossen Stein-
blöcken, der übrige Theil des Grabmals aber ist eine Aufschüttung von Erde. Aufgeführt haben dasselbe die Kaufleute,
die Handwerker und die gewerbsmässigen Hetären. Oben auf
dem Denkmal standen noch zu meiner Zeit Steinsäulen, fünf
an der Zahl, und es waren auf denselben Inschriften eingegraben,
welche angaben, wie viel jeder Theil zu Stande gebracht hatte,
und beim Nachmessen zeigte es sich, dass das, was die Hetären

ausgeführt hatten, das meiste war. Von dem lydischen Volke haben sich nämlich die Töchter sämmtlich der Unzucht ergeben, und sie sammeln sich auf diese Art ihre Mitgift, und das treiben sie so, bis sie sich verheirathen, und so statten sie sich selber dazu aus. Der Umfang des Grabmals beträgt sechs Stadien und zwei Plethren (3800 Fuss), die Breite dreizehn Plethren (1300 Fuss). An das Grabmal stösst ein grosser See, von dem die Lyder sagen, dass er nie versiegt; er wird der Gygäische See genannt." Herodot's Bericht lässt wohl noch im Allgemeinen erkennen, dass Alyattes sein colossales Grabdenkmal nur unter grossem Drucke aller verschiedenen Klassen der Bevölkerung von Sardes zu Stande gebracht hat. Auf die hier erzählten Einzelheiten ist allerdings nicht grosses Gewicht zu legen, und namentlich können die Angaben über die Betheiligung der lydischen Mädchen bei der Arbeit, wenngleich sie auch irgend einen entfernten Anhalt haben müssen, dennoch in der uns vorliegenden Fassung auf Glaubwürdigkeit keinen Anspruch machen. Die erwähnten Inschriften haben gewiss genaue Angaben über die Herstellung des Denkmals enthalten, aber in dem, was Herodot daraus mittheilt, haben wir nichts Anderes zu sehen, als ganz zufällig herausgegriffene Notizen, die ihm nur in arger Entstellung zu Ohren gekommen sind. — Ausser Herodot hat noch Strabo das Grabmal des Alyattes erwähnt (XIII, pag. 627). Auch er spricht von der Betheiligung der Hetären bei der Arbeit, beruft sich dabei aber selbst nur auf das Zeugniss des Herodot. Wenn er ausserdem noch sagt, dass das Grabmal auch πόρνης μνῆμα genannt wurde, so beruht dieses nur auf einer Verwechselung mit dem S. 39 erwähnten Grabmal der Hetäre des Gyges, von welchem Klearch fr. 34 (F. H. G. II, 314) ausdrücklich angiebt, dass es unter dem Namen μνῆμα τῆς ἑταίρας bekannt war. Offenbar hatte also Strabo gehört, dass von den zahlreichen Denkmalen von Sardes eines den Namen μνῆμα τῆς ἑταίρας führt und sich nun durch Herodot's Bemerkung über die Hetären verleiten lassen, diesen Namen auf das Denkmal des Alyattes irrthümlich zu beziehen. Anders hat allerdings Duncker darüber geurtheilt (II, 593, Anm. 1), der die Identificirung des Strabo von vorn herein für richtig erklärt und in Folge dessen in Klearch's Angabe über das Grabmal der Hetäre des Gyges eine blosse Fabel sieht; allein gegen ihn spricht erstens, dass das

Denkmal des Alyattes, wenn es wirklich nach der grossen Betheiligung der Hetären bei der Arbeit benannt wäre, höchstens nur μνῆμα τῶν ἑταιρῶν heissen könnte, aber nicht μνῆμα τῆς ἑταίρας resp. πόρνης, was doch immer nur auf die Benennung nach einer einzelnen Hetäre hinweist, und zweitens, dass die Entstehung von Klearch's Angabe über das Grabmal der Hetäre des Gyges wohl sehr schwer zu erklären wäre, wogegen die Entstehung einer Verwechselung bei Strabo unter den oben angegebenen Umständen ein besonderes Befremden wohl kaum noch erregt.

Die grossen Grabdenkmale der Lyder sind alle auf dem weiten Felde zwischen dem Hermos und dem gygäischen See erbaut. Auf diesem Felde findet man heute noch mehr als sechzig Grabhügel von über 2000 Fuss Umfang, und darunter ragen drei an Grösse ganz besonders hervor. Der östliche von diesen dreien wird, weil er der Beschreibung des Herodot am besten entsprechen soll, von neueren Reisenden immer mit dem Grabmal des Alyattes identificirt. Zuletzt ist er genau durchforscht von Spiegelthal, dessen Resultate publicirt sind durch Olfers in einem Aufsatze „Ueber die lydischen Königsgräber bei Sardes und den Grabhügel des Alyattes." (Abb. d. Acad. d. Wiss. zu Berlin 1858, S. 539 ff.) Ueber die Lage des Denkmals hat Olfers durch eine der Abhandlung beigefügte sehr genaue Karte orientirt. Demnach befindet sich dasselbe nicht etwa dicht am gygäischen See, wie man nach Herodot's Worten λίμνη ἔχεται τοῦ σήματος μεγάλη u. s. w. wohl erwarten könnte, sondern es liegt mehr als eine halbe Meile von demselben entfernt und wird auch durch eine Reihe von kleineren Grabhügeln von ihm getrennt. Ueber den Umfang des Denkmals liegt bei Olfers eine nähere Angabe nicht vor; nach der schon früher von Prokesch vorgenommenen Messung beträgt derselbe aber 3400 bis 3500 Fuss, was von Herodot's Angabe (3800 Fuss) nicht wesentlich differirt und wohl immer weit eher für als gegen die Identificirung spricht. Die Untersuchung der inneren Grabkammer hat zu besonderen Resultaten nicht geführt, da man in dieselbe schon früher einmal mittelst mühsam gearbeiteter Gänge eingedrungen war und sie ganz und gar ausgeraubt hatte. So fand sich auch der Sarkophag in der Kammer nicht mehr vor. Den Boden derselben bedeckten Asche, Kohlen, Trümmer, verschiedene Gefässe, morsche Holzstücke und thierische und menschliche Knochen, darunter auch sehr feine Handknochen. in welchen Olfers noch die Knochen der Hand des Alyattes zu erkennen glaubt. Die über der Grabkammer gemachte Aufschüttung war nach Olfers S. 547 der grösseren Haltbarkeit wegen vorzüglich aus drei mit einander wechselnden Schichten von sich fest verbindendem Material gemacht, nämlich aus rothem Thon. gelbem Lehm und Kalk, der mit Sand und grossen Steinen gemengt war. Bei anderen Grabhügeln besteht die Aufschüttung aus reiner Erde, so namentlich bei den im Südosten und Südwesten dem gygäischen See zunächst gelegenen Hügeln, die dann auch in Folge ihrer geringen Haltbarkeit am meisten durch die Zeit zerstört sind (S. 543). Auf letztere würde übrigens der von Herodot gebrauchte Ausdruck χῶμα γῆς am genauesten passen. wiewohl aber auch der Beziehung auf den sogenannten Alyatteshügel wohl kaum etwas im Wege steht. ̄ — Von den fünf von Herodot erwähnten Inschriften hat sich auf dem Grabmal nichts gefunden, sondern es liegt auf demselben nur ein einziger grosser Stein, der 2.85 Meter Durchmesser hat, von runder Gestalt ist und von einer Inschrift auch nicht die geringste Spur zeigt. Einen Stein von gleicher Gestalt, der nur $1/4$ der Grösse hat, fand man 170 Fuss von dem Grabmal entfernt; indess auch dieser zeigt nur viele sich kreuzende Linien, welche mit einem scharfen Instrument eingehauen zu sein scheinen, aber nicht regelmässig genug für eine Schrift sind. Olfers wagt es unter diesen Umständen. die von Herodot erwähnten Inschriften für fabelhaft zu erklären (S. 552) und geht sogar so weit, dass er behauptet. Herodot habe das ganze Denkmal nie selbst gesehen, sondern kenne es nur aus Beschreibungen. die man ihm bei seinem Aufenthalt in Sardes davon gemacht habe. Jedenfalls hat er hierbei nicht genügend beachtet, dass Herodot das Grabmal mit den ägyptischen und babylonischen Bauwerken vergleicht, die ihm ja durch eigene Anschauung so wohl bekannt waren, und dass daher dieser Vergleich auch für das Grabmal selbst seine Autopsie schon hinlänglich beweist.

Nach dem Tode des Alyattes bestieg sein Sohn Krösus den Thron von Lydien. Er war bisher, wie man aus Nicolaus fr. 65 ersieht, Statthalter von Adramyttion und Thebe gewesen und hatte sich als solcher auch einmal an einem Feldzuge betheiligt, den sein Vater gegen Carien unternahm. Bei diesem Feldzuge soll ihm die Aufstellung seines Heerescontingentes nicht geringe Schwierigkeiten verursacht haben, da er die erforderlichen Geldmittel nicht beisammen hatte und sich genöthigt sah, zu einer Anleihe seine Zuflucht zu nehmen. Den ersten Versuch, Geld zu erhalten, machte er bei einem reichen lydischen Kaufmann Namens Sadyattes, und als er von diesem abgewiesen war, wandte er sich an einen Jonier Pamphaes, der ihm das gewünschte Geld bereitwillig zur Verfügung stellte und dadurch die Aufstellung eines Heeres ermöglichte, das bei Krösus viel Anerkennung und Beifall fand. — Die von Nicolaus gemachte Angabe über die Statthalterschaft in Adramyttion und Thebe haben Wesseling (zu Herod. I, 30), Bähr und Andere dahin gedeutet, dass Krösus von seinem Vater schon bei dessen Lebzeiten zum Mitregenten angenommen wäre, und zur Begründung ihrer Deutung haben sie namentlich geltend gemacht, dass die Besuche des Alkmäon und Solon am Hofe des Krösus nothwendig schon früher angesetzt werden müssten, als der Tod des Alyattes. In welcher Weise man bei dieser Hypothese Herodot's Vorstellungen von den Schatzkammern des Krösus zu modificiren hätte, haben sie leider nicht angegeben; und doch wäre einige Auskunft darüber sehr nöthig gewesen, da aus derselben Stelle des Nicolaus dann ja auch gefolgert werden müsste, dass Krösus die Schätze, welche er dem Solon zeigte, alle nur zusammengeborgt hatte, und dass er trotzdem noch die Stirn besass, daraufhin zu behaupten, dass unter allen lebenden Menschen Niemand glücklicher wäre, als er.

Als Alyattes starb, stand Krösus nach Herodot I, 26 im Alter von 35 Jahren. Dass diese Zahl genau richtig sei, wird man bei der sonstigen Unzuverlässigkeit der herodotischen Zahlen kaum zu behaupten wagen, aber allzuweit kann sie sich von der Wahrheit wohl nicht entfernen, da es sich aus Herodot III, 14 ergiebt, dass Krösus nach der Schlacht bei Pelusium (525) sicher noch am Leben war.

Ausser Krösus hinterliess Alyattes noch einen Sohn Pantaleon, Herodot erzählt dieses I, 92 und fügt hinzu, dass Ersterer von einem karischen und Letzterer von einem jonischen Weibe geboren war. Diese Angabe findet eine Bestätigung in dem Umstande, dass der Name $K\varrho o \tilde{\iota} \sigma o \varsigma$ ungriechisch, der Name

Πανταλέων aber griechisch ist. Für den älteren der beiden Brüder hat Stein zu Herodot I, 92 den Pantaleon erklärt, da Krösus erst im 22. (resp. 14.) Regierungsjahre seines Vaters geboren wurde. Dem gegenüber steht nun aber ein ausdrückliches Zeugniss des Nicolaus, der fr. 65 sagt *Κροίσῳ, ὅστις ἦν αὐτοῦ πρεσβύτατος τῶν παίδων*, und dieses Zeugniss ist um so gewichtiger, da es, wie der jonische Gebrauch von *ὅστις* beweist, ohne Zweifel auf einer Notiz des Xanthus beruht (vgl. z. B. Nicol. fr. 49, F. H. G. III, 384, *τὴν Ἀρνώσσον θυγατέρα ὄνομα Τοιδὼ τοῦ Μυσῶν βασιλέως, ὅστις πόλιν Ἀρδύνιον ἔκτισεν ἐν Θήβης πεδίῳ* und Xanthus fr. 17 *Ἀρδύνιον, πόλις ἐν Θήβης πεδίῳ, ὡς Ξάνθος ἐν Λυδιακῶν δευτέρῳ*). An der Erstgeburt des Krösus zu zweifeln, dürfte sich also nicht empfehlen, und will man dem Bedenken Stein's trotzdem noch Rechnung tragen, so wird man nur wieder folgern, dass unsere Königslisten selbst mit Xanthus nicht immer im Einklang stehen, und dass auf ihre Zahlangaben überhaupt nicht fest zu bauen ist.

Die Thronbesteigung des Krösus ging nicht ohne Schwierigkeiten vor sich. Schon bei Lebzeiten des Alyattes hatte man gegen ihn intriguirt: denn wie Plutarch de Pythiae orac. c. 16, p. 401 ε erzählt, hatte die zweite Frau des Alyattes den Versuch gemacht, ihren eigenen Kindern die Thronfolge zu eröffnen und den ihr dabei im Wege stehenden Krösus mittelst eines vergifteten Brodes zu beseitigen. Dass dieser Versuch fehlschlug, hatte Krösus allein der Bäckerin zu danken, welche ihm davon Anzeige machte, und das vergiftete Brod, das sie gebacken hatte, nicht ihm vorsetzte, sondern den eigenen Kindern der zweiten Frau. Zur Belohnung für diese Treue weihte Krösus, als er zur Regierung gekommen war, eine drei Fuss hohe goldene Bildsäule der Bäckerin nach Delphi (vgl. Herod. I, 51). Nach der Bestimmung des Alyattes sollte dem Krösus, als dem ältesten Sohne, die Thronfolge gewahrt bleiben. Dieses beweist nicht nur der Umstand, dass der Vergiftungsversuch gerade gegen ihn gerichtet wurde, sondern auch ein directes Zeugniss des Herodot, vgl. I, 92 *δόντος τοῦ πατρὸς ἐκράτησε τῆς ἀρχῆς ὁ Κροῖσος*. Trotz des ausdrücklichen Wunsches des Alyattes hatte Krösus nun aber nach dem Tode desselben wieder mit neuen Schwierigkeiten zu kämpfen, da eine Gegenpartei ihm die Anerkennung versagte und den Pantaleon als Thronfolger vorschob.

Letzterer war wie gesagt ein Sohn der jonischen Frau des Alyattes, aber meines Erachtens kann man diese jonische Frau mit
der anderen Frau, welche dem Krösus schon früher nach dem
Leben getrachtet hatte, ganz ohne Bedenken identificiren. Was
gegen diese Identificirung sprechen könnte, wäre wohl nur der
Umstand, dass den Söhnen dieser Frau einmal ein vergiftetes
Brod vorgesetzt war, indessen scheint mir dieses von wenig Belang zu sein, da ja gar nicht gesagt ist, dass alle Söhne davon
gegessen hätten, und noch viel weniger, dass sie auch alle daran
gestorben wären. — In welcher Weise es dem Krösus gelang,
seiner Gegner Herr zu werden, ist nicht überliefert, wohl aber
wissen wir, dass er nach ihrer Besiegung es sich nicht hat entgehen lassen, grausame Rache an ihnen zu üben. Nur eine
Probe ist uns davon bekannt geworden; dieselbe ist aber um
so beachtenswerther, da sie mit den Vorstellungen von der überaus grossen Milde des Krösus, welche die durch seine Freigebigkeit geblendeten Griechen verbreitet haben, in grellem
Contraste steht. Herodot erzählt nämlich I, 92, dass Krösus
einen Mann, der die Ansprüche des Pantaleon unterstützt hatte,
auf ein Marterinstrument spannen und grausam zu Tode quälen
liess, und dann das Vermögen desselben einzog und in Folge
eines Gelübdes, das er schon früher einmal gethan hatte, ausschliesslich zu Weihgeschenken für einen Tempel verwenden
liess. Wie der so hart gestrafte Gegner des Krösus hiess, giebt
Herodot nicht an, aber jedenfalls war er kein Anderer, als der
oben erwähnte lydische Kaufmann Sadyattes. Diese Identificirung,
die übrigens auch schon von Duncker und Anderen gemacht ist,
hat ihren Hauptanhalt in dem Umstande, dass Krösus sowohl
nach Herodot das Vermögen des Anhängers von Pantaleon als
auch nach Nicolaus das Vermögen des Sadyattes schon vor
seiner Thronbesteigung einer Gottheit gelobt und später, als
er in Besitz der Herrschaft gekommen war, seinem Gelübde
zufolge auch wirklich geweiht hat. Ausserdem ist zu beachten,
dass Sadyattes schon der Natur der Sache nach Anhänger des
Pantaleon sein musste, und falls er noch nicht zu der Zeit, als
Krösus zum karischen Kriege rüstete, zu seinen Gegnern gehörte,
jedenfalls nach dem Gelübde des Krösus zu denselben über-
treten und um seiner Selbsterhaltung willen darauf bedacht sein
musste, die Erhebung des Pantaleon zu fördern und die Thron-

besteigung des Krösus mit allen ihm zu Gebote stehenden Mitteln zu hintertreiben.

Unter den Kriegsthaten des Krösus erwähnt Herodot zuerst seine Unterwerfung der griechischen Städte in Kleinasien. Duncker beginnt seine Darstellung dieses Krieges mit einigen sehr einleuchtenden Bemerkungen über die zerfahrenen Verhältnisse der griechischen Städte zu einander, fügt dann aber noch einige Einzelheiten hinzu, deren Richtigkeit ich hier entschieden bestreiten muss. Er sagt Bd. II, S. 598: „Selbst Angesichts der Rüstungen des Krösus hörten sie auf den Rath nicht, der ihnen aus ihrer Mitte ertheilt wurde und sie voraussichtlich gerettet haben würde. Thales von Milet schlug vor, dass jede Stadt Vertreter ernennen möge; diese sollten dann einen Bundesrath bilden, dessen Beschlüsse die einzelnen Städte, wie die Demen einer Stadt den Beschlüssen des Rathes der Stadt unterworfen sein sollten. Der Sitz dieses Bundesrathes müsse Teos sein, weil sich diese Stadt in der Mitte der jonischen Städte (die nordwärts und südwärts längs der Küste lagen) befinde. Die Jonier liessen den Rath des Thales unbeachtet; sie dachten nicht daran, sich zu constituiren. Vielmehr schloss Milet trotz der Abmahnung des Thales von Neuem Bündniss mit Lydien." Als Beleg für diese Darstellung führt Duncker die beiden Stellen Herodot I, 170 und Diog. Laert. I, 25 an, die er aber beide meiner Ansicht nach ganz falsch bezogen hat. Herodot erzählt in der genannten Stelle, Bias hätte den jonischen Griechen nach ihrer Unterwerfung durch Cyrus den Rath gegeben, sammt und sonders auszuwandern und eine Stadt in Sardinien zu gründen, und zwar hätte er ihnen diesen Rath διεφθαρμένοισι, also nach ihrer Vernichtung gegeben, während ihnen schon Thales einen anderen guten Rath πρὶν ἢ διαφθαρῆναι, vor ihrer Vernichtung, gegeben hätte, indem er sie aufforderte, einen Städtebund zu gründen mit dem Sitze des Bundesrathes in Teos. Offenbar ist hier πρὶν ἢ διαφθαρῆναι auf dasselbe Factum zu beziehen, wie διεφθαρμένοισι, also auf die Unterjochung durch Cyrus, und nicht auf eine 150 Capitel früher erwähnte Unterjochung durch Krösus, an die ein Leser von selbst wohl schwerlich hätte denken können, und dann erzählt also Herodot, dass Thales die Griechen aufgefordert hätte, sich die schwere Bedrängniss des Krösus durch Cyrus zu Nutze zu machen und einhellig zusammenzustehen, um die durch ihn verlorene Freiheit wieder zu gewinnen; und von der Aufforderung zu einem Bündnisse gegen die ersten Angriffe des Krösus findet sich in dieser Stelle auch nicht die leiseste Spur. Ebensowenig wie Herodot hat auch Diogenes die erste Unterwerfung der Städte durch Krösus an der angeführten Stelle im Sinne gehabt; denn wenn er von Thales ganz ohne jeden Zusammenhang erzählt, das er einmal seine Vaterstadt Milet durch Hintertreibung einer Kampfgenossenschaft mit Krösus vor der Zerstörung durch Cyrus gerettet habe, so kann man dabei selbstverständlich wieder nur an den späteren Entscheidungskrieg zwischen Cyrus und Krösus denken, da jede andere Erklärung nicht nur willkürlich ist, sondern auch jeden Zusammenhang zwischen Ursache und Wirkung in der Stelle gänzlich zerstört.

Die erste griechische Stadt, gegen welche Krösus seine Angriffe richtete, war Ephesus. Ueber diesen Krieg gegen Ephesus haben wir Berichte bei Herodot I, 26. bei Aelian var. hist. 3, 26 und bei Polyän 6, 50. Alle drei Berichte stimmen dem Inhalte nach so gut zusammen, dass man sie sehr leicht aus einander vervollständigen kann, und Polyän und Aelian stimmen mit einander sogar fast wörtlich. Bei den beiden Letzteren steht während des Krieges Pindaros an der Spitze von Ephesus, und zwar als Tyrann. Duncker allerdings will ihn als Tyrannen nicht gelten lassen und beruft sich darauf. dass er den Ephesiern nur den Rath ertheilt, ihre Stadt der Artemis zu weihen, und nicht gleich den Befehl dazu giebt; indessen wenn man auch wirklich behaupten will, dass ein Tyrann nie Rathschläge, sondern immer. nur Befehle ertheilt, so könnte man doch wenigstens zugeben, dass Aelian sich eine kleine Ungenauigkeit im Ausdruck hat zu Schulden kommen lassen, und dies wohl um so mehr, da man ja, um den Ausdruck $\sigma v v \varepsilon \mathcal{J} o \acute{v} \lambda \varepsilon v \sigma \varepsilon$ zu halten, ihm eine andere noch viel grössere Ungenauigkeit unterschieben muss, indem man voraussetzt, dass er keinen Anstand genommen hätte, einen Bürger nur darauf hin, dass er aus vornehmer Familie abstammte, ohne Weiteres als $\tau \acute{v} \varrho \alpha \nu \nu o \varsigma$ zu bezeichnen. — Bevor Krösus die Feindseligkeiten gegen Ephesus eröffnete, schickte er eine Gesandtschaft an Pindaros mit der Aufforderung, die Stadt zu übergeben, und da Pindaros dieser Aufforderung keine Folge leistete, machte er mit der

Belagerung sofort den Anfang. Als die Belagerung so weit vorgeschritten war, dass ein Thurm der Mauer einstürzte und die Eroberung unvermeidlich erschien, entschlossen sich die Bürger auf Rath des Pindaros, ihre Stadt der Artemis zu weihen. Sie vollzogen diese Weihung, indem sie die Mauern mittelst eines langen Seiles mit dem nicht weniger als sieben Stadien weit entfernt liegenden Tempel der Artemis verbanden. An der Art und Weise dieser Weihung ist auf keinen Fall zu zweifeln, da ja auch Polycrates nach Thucyd. III, 104 die Insel Rheneia dem Apollo weihte, indem er sie durch ein Seil mit Delos verband, und ferner auch die Kylonier nach Plut. Sol. 12 sich unter den Schutz der Athene stellten, indem sie einen Faden in der Hand hielten, der an der Bildsäule derselben befestigt war. Nachdem die Ephesier ihr Vorhaben ausgeführt hatten, unterliessen sie es nicht, sofort zu Krösus zu schicken und ihn davon in Kenntniss zu setzen, dass ihre Stadt jetzt unverletzlich sei. Dieser nahm die Anzeige natürlich mit Lachen auf, erklärte sich aber trotzdem bereit, die Stadt zu schonen, wenn man auf seine Bedingung, den Pindaros auszuweisen, eingehen wollte, und vernünftiger Weise haben dann die Ephesier unter damaligen Umständen einen weiteren Widerstand seinen Forderungen entgegenzustellen nicht versucht. Jedenfalls ist die Ausweisung des Pindaros gleichbedeutend mit einem gänzlichen Umschwunge der Parteiverhältnisse in der Stadt, und dass dabei Alles so geordnet wurde, wie es für die Sicherstellung des lydischen Einflusses am zweckmässigsten zu sein schien, wird einem Zweifel wohl schwerlich unterliegen. Nach der Vertreibung des Pindaros und der Neuordnung der Verfassung scheint Krösus wieder in ganz günstige Beziehungen zu den Ephesiern getreten zu sein: wenigstens sehen wir, dass er den Fortbau des Artemistempels unterstützte, da die meisten Säulen, sowie auch die goldenen Rinder in demselben dem Herodot als Geschenk von ihm ausdrücklich bezeichnet waren (vgl. I, 92).

Nach der Unterwerfung von Ephesus griff Krösus auch die anderen Städte der Jonier und Aeoler an, brachte sie alle der Reihe nach unter seine Oberhoheit und zwang sie zur Zahlung von Tribut. Ob noch irgend eine Stadt frei blieb, lässt sich nicht entscheiden. Von Lampsakus hat Duncker es aus Herodot

VI, 37 gefolgert, aber wohl nicht mit voller Evidenz, da doch immer die Möglichkeit bleibt, dass Krösus erst nach dem daselbst erzählten Vorgange mit seinen Angriffen auf die Stadt begann.
Nachdem Krösus die Griechen auf dem Festlande alle unter seine Botmässigkeit gebracht hatte, soll er sich, wie Herodot I, 27 erzählt, mit dem Gedanken getragen haben, eine Flotte zu bauen, um auch die Griechen auf den Inseln anzugreifen und sie mit seinem Reiche zu vereinen. Als er schon Alles zum Schiffsbau bereit hatte, kam nach der einen Version Bias von Priene, nach der anderen Pittakus von Mitylene zu ihm nach Sardes und erzählte auf seine Frage, was es in Griechenland Neues gebe, dass die Insulaner eine zahllose Menge Pferde zusammenkauften in der Absicht, gegen die Lyder mit Reiterei zu Felde zu ziehen. Als darauf Krösus, da er sich der Tüchtigkeit der lydischen Reiterei wohl bewusst war, in lauten Jubel ausbrach, stellte sein Gast ihm vor, dass die Insulaner gewiss nicht weniger jubeln würden, wenn sie hörten, dass er gegen sie einen Angriff mit Schiffen wagen wolle, und brachte ihn durch diese Vorstellungen dahin, dass er von dem Schiffsbau wieder abliess und mit den Joniern auf den Inseln Friede und Freundschaft schloss. — Diese ganze Geschichte hat einen sehr anekdotenhaften Charakter, und wir brauchen daraufhin wohl nicht zu glauben, dass Krösus jemals im Ernste den thörichten Einfall gehabt hätte, mit einer erst neu zu gründenden Flotte gegen die als Seefahrer berühmten Jonier einen Angriff zu wagen. Als Gast des Krösus wird theils Bias theils Pittakus genannt. Der Name des Ersteren müsste natürlich richtig sein, wenn der Geschichte wirklich ein Besuch als Thatsache zu Grunde läge, da Pittakus schon um 570 starb, während Krösus wahrscheinlich erst um 560 zur Regierung kam; beruht dagegen die ganze Geschichte, wie ich es für richtig halte, auf blosser Erfindung, so ist es am natürlichsten, gerade den Namen des Pittakus für den ursprünglichen zu erklären, denn erstens passt Pittakus als Insulaner vortrefflich in den Zusammenhang der Geschichte hinein, und zweitens lässt es sich nicht absehen, wie man bei dem Namen des Bias zu einer Aenderung gekommen wäre, wogegen bei dem Namen des Pittakus die Aenderung aus der chronologischen Unmöglichkeit sich ganz von selbst erklärt. Auch dass man bei der Aenderung gerade auf Bias verfiel, wird

nicht befremden, wenn man erwägt, dass derselbe als Repräsentant der politischen Weisheit in griechischen Anekdoten auch sonst nicht selten zur Verwendung kommt.

Von anderen Kriegen des Krösus als gegen die griechischen Städte ist uns bis auf seinen Entscheidungskampf mit Cyrus herab nichts weiter bekannt. Jedenfalls hat er auch im Osten Kriege geführt, und zwar weit grössere, als an der Küste, aber dieselben waren für die griechischen Schriftsteller von geringem Interesse, und darum ist auch eine nähere Kunde von ihnen bis auf uns nicht mehr gelangt. Nur von einem Kriege mit Phrygien glaube ich Herodot VII, 30 noch eine Spur gefunden zu haben: denn wenn hier erzählt wird, dass Krösus bei Kydrara einen Grenzstein zwischen Phrygien und Lydien aufgestellt hat, so scheint mir der Schluss auf eine neue Regelung der Grenze durch Krösus wohl nicht allzu gewagt. — Von dem Gesammt-resultate der Kriege des Krösus giebt Herodot uns eine Vorstellung in dem I, 28 gemachten Verzeichnisse aller zur Zeit seiner grössten Machtentfaltung ihm unterworfenen Völker. Die hier genannten Völkerschaften sind folgende: Lyder, Phryger, Myser, Mariandyner, Chalyber, Paphlagoner, Thraker, sowohl die thynischen als auch die bithynischen, Karer, Jonier, Dorier, Aeoler und Pamphyler. Ich halte dieses Verzeichniss der Völker im Gegensatze zu Stein nicht nur für echt, sondern auch für ganz werthvoll. Es stammt aus derselben guten schriftlichen Quelle, wie c. 15, 16, 26 und 72 und ist ziemlich lose und mit etwas verändertem Zusammenhang in die zuletzt nach mündlichem Berichte gegebene Darstellung von Herodot selbst eingefügt.

Ebenso wie die Macht der lydischen Könige hat auch ihr Reichthum zur Zeit des Krösus seinen Höhepunkt erreicht. Derselbe war schon zur Zeit des Gyges sprichwörtlich (vgl. Archilochus fr. 24: οὔ μοι τὰ Γύγεω τοῦ πολυχρύσου μέλει) und wuchs bis auf die Zeit des Krösus zu einer bisher beispiellos gebliebenen Grösse an. Die Haupteinnahmequelle der lydischen Könige war der Goldstaub, welcher durch den Fluss Paktolos von dem Tmolosgebirge herabgeführt wurde; vgl. Strabo XIII, p. 626: ῥεῖ δ᾽ ὁ Πακτωλὸς ἀπὸ τοῦ Τμώλου, καταφέρων τὸ παλαιὸν ψῆγμα χρυσοῦ πολύ, ἀφ᾽ οὗ τὸν Κροίσου λεγόμενον πλοῦτον καὶ τῶν προγόνων αὐτοῦ διονομασθῆναί φασι. νῦν δ᾽ ἐκλέλοιπε τὸ

ψῆγμα, ὡς εἴρηται. Dio Chysostomus or. 78 fügt noch hinzu,
dass der Goldstaub dem Krösus mehr einbrachte, als die Ab-
gaben aus seinem ganzen Reiche. Auch der Bergbau war für
die Lyder sehr einträglich. Aristoteles sagt in der Schrift περὶ
θαυμασίων ἀκουσμάτων § 52 (Ausg. d. Berl. Acad. 1831, Bd. 2,
S. 834), dass Krösus in der Nähe von Pergamum ein Bergwerk
bearbeiten liess, und Strabo giebt XIV, pag. 680 in einer lückenhaften Stelle an, dass der Reichthum des Gyges, Alyattes und
Krösus durch die Bebauung eines zwischen Atarneus und Pergamum gelegenen Bergwerkes begründet worden ist. Um eine
Vorstellung von dem Reichthum des Krösus zu gewinnen, muss
man Herodot's Bericht über die von ihm vor Beginn seines
Krieges mit Cyrus an die verschiedenen Tempel des Apollo geschickten Geschenke lesen. Ueber die delphischen Geschenke
lässt Herodot I, 50 und 51 sich folgendermassen aus: „Als er
das Opfer vollbracht hatte, liess er unsägliches Gold schmelzen
und daraus Halbziegel schlagen, jeden sechs Handbreiten lang,
drei Handbreiten breit und eine Handbreite hoch, 117 an der
Zahl, und davon 4 aus gereinigtem Golde, je drittehalb Talente
schwer, die anderen Halbziegel aber aus weissem Golde, je zwei
Talente von Gewicht. Dann liess er noch anfertigen das Bild
eines Löwen von reinem Golde im Gewichte von zehn Talenten.
Dieser Löwe ist, als der Tempel in Delphi brannte, von den
Halbziegeln herabgefallen (auf diesen nämlich war er aufgestellt
worden), und jetzt befindet er sich in dem Schatzhause der
Korinther und wiegt siebentehalb Talente, denn viertehalb Talente sind von ihm abgeschmolzen. Als Krösus diese Werke
vollendet hatte, sandte er sie nach Delphi und mit ihnen zugleich
noch Folgendes: zwei Mischkrüge von hervorragender Grösse,
einen goldenen und einen silbernen; der goldene stand zur Rechten, wenn man in den Tempel eintritt, und der silberne zur
Linken. Aber auch diese sind von ihrem Platze gerückt zu der
Zeit, als der Tempel niederbrannte, und der goldene steht jetzt
in dem Schatzhause der Klazomenier und wiegt neuntehalb
Talente und zwölf Minen; der silberne aber steht an der Ecke
des Vorhauses und fasst 600 Amphoren; er wird nämlich an
dem Feste der Theophanien von den Delphern zum Mischtranke
verwendet. Die Delpher behaupten, dass er ein Werk des Theo-
doros von Samos sei und ich glaube es, denn die Arbeit scheint

mir wohl nicht eine gewöhnliche zu sein. Auch vier silberne Fässer sandte er, die in dem Schatzhause der Korinther aufgestellt sind, und dann weihte er auch zwei Sprenggefässe, ein goldenes und ein silbernes; auf dem goldenen steht aufgeschrieben *Λακεδαιμονίων*; man behauptet nämlich, dass es ein Weihgeschenk der Lacedämonier sei, womit man nicht Richtiges sagt, denn auch dieses ist ein Weihgeschenk des Krösus, und jene Inschrift hat ein Bürger von Delphi hinaufgesetzt, der sich den Lacedämoniern gefällig erweisen wollte. Den Namen desselben weiss ich zwar, werde ihn aber nicht angeben. Zwar ist der Knabe, durch dessen Hand das Wasser fliesst, eine Gabe der Lacedämonier, von den beiden Sprenggefässen aber keines. Auch noch viele andere Weihgeschenke, die nicht mit einer Aufschrift versehen waren, sandte Krösus zugleich mit diesen, darunter runde silberne Giesskannen und dann auch eine drei Ellen hohe goldene Bildsäule eines Weibes, wovon die Delpher sagen, es sei das Bild der Bäckerin des Krösus. Dazu hat Krösus auch noch von seiner eigenen Gattin das Halsgeschmeide und den Gürtel geweiht." Diese Geschenke, die Krösus an den Tempel von Delphi gemacht hat, dürften für sich allein schon ausreichen, um die grössten Vorstellungen von seinem Reichthume zu erwecken. Er hat nun aber ausserdem noch andere griechische Tempel im reichsten Masse bedacht, und namentlich hat er an den Tempel von Branchidä Geschenke geschickt, die denen in Delphi, wie Herodot I, 92 versichert, ähnlich waren und auch im Gewichte ganz gleichkamen. Was Krösus für seine einheimischen Tempel gethan hat, wird bei Herodot nicht erzählt, aber gewiss darf man annehmen, dass er hier nicht zurückstand, und dass alle seine Geschenke an die griechischen Tempel zusammen von dem, was er überhaupt den Göttern geweiht hat, immer nur ein nicht allzugrosser Bruchtheil sind. Ueberlegt man nun endlich noch, dass er im Stande war, solche Geschenke zu machen, zu einer Zeit, als er schon an der Schwelle eines grossen Krieges stand, so wird man sich überzeugen, dass seine Schätze wahrhaft staunenswerth gewesen sein müssen, und dass sie die unter den Griechen so oft zu Tage tretende Bewunderung im vollsten Masse verdienen.

Bei seinem grossen Reichthum konnte es dem Krösus, falls er nur einige Freigebigkeit damit verband, nicht schwer fallen,

sich die Liebe der durch Gold so leicht geblendeten Griechen
zu erwerben; und dass er es an Freigebigkeit nicht fehlen liess,
beweisen, abgesehen von den Anekdoten, auch einzelne Erzählungen, an deren Wahrheit zu zweifeln überhaupt nicht möglich ist.
So erzählt z. B. Herodot I, 54, dass er in Delphi jedem einzelnen
Bürger ein Geschenk von zwei Goldstateren machte, und I. 69,
dass er den Spartanern, als sie zu ihm schickten, um Gold zu
einem Apollobilde zu kaufen, dasselbe umsonst abgab. Sicherlich
wirkte eine derartige Freigebigkeit sehr wesentlich mit, um dem
Krösus in Griechenland viele Liebe und Verehrung zu erwecken,
und ein deutliches Zeugniss über die ihm zu Theil gewordene
Verehrung legt sogar der Dichter Pindar ab, welcher in der
ersten pythischen Ode v. 184 sagt οὐ φϑίνει Κροίσου φιλόφρων
ἀρετά.

Die Popularität, deren sich Krösus in Griechenland erfreute,
ist auch in Anekdoten vielfach zum Ausdruck gebracht. In der
Regel sind diese Anekdoten ohne jeden thatsächlichen Anhalt
und beweisen nur, dass man in Griechenland den Krösus für
den reichen und freigebigen Mann κατ᾽ ἐξοχήν hielt und daher überall,
wo das Auftreten eines solchen in einer Erzählung erforderlich
war, zu seinem Namen ganz unbedenklich griff. Dass man dabei
die Lebenszeit jeder einzelnen Persönlichkeit, die man mit Krösus
zusammenkommen liess, immer ängstlich in Betracht gezogen
hätte, ist von vorn herein nicht zu erwarten, und somit werden
dann einzelne chronologische Unmöglichkeiten, die man in solchen
Anekdoten mit unterlaufen liess, auch gewiss nicht befremden.
So hatte man z. B. vergessen, dass Pittakus schon um 570
gestorben war und erzählte ohne Weiteres, dass derselbe einmal
von Krösus gefragt worden sei, ob er Geld genug hätte, und
darauf geantwortet habe, er besässe doppelt so viel, als er wünsche,
da sein Bruder bereits gestorben sei (vgl. Plut. de fraterno amore
p. 484 B und Diog. Laert. I. 75). — Auch den Alkmäon brachte
man einmal mit Krösus zusammen, und zwar that man dieses
schon in ziemlich früher Zeit, da bereits Herodot VI, 125 von
dieser Zusammenkunft erzählt. Der von Herodot mitgetheilten
Erzählung zufolge hatte Alkmäon sich einmal um Krösus durch
freundliche Aufnahme seiner Gesandten in Delphi verdient gemacht
und war zum Danke dafür von ihm zu einem Besuche nach Sardes
eingeladen, wo er die Erlaubniss erhielt, in die Schatzkammern

zu gehen und aus denselben so viel mitzunehmen, als er mit einem Male fortzutragen im Stande sei. Um diese Erlaubniss recht ausnutzen zu können, ging er mit sehr weiten Kleidern und möglichst grossen Stiefeln in die Schatzkammern hinein, stopfte Alles nach Möglichkeit voll Gold, streute sogar auch Goldstaub in die Haare, nahm schliesslich noch den Mund voll Gold und verliess dann die Schatzkammern in einem Aufzuge, der für Krösus so ergötzlich war, dass er sich bewogen fühlte, eine gleich grosse Menge anderen Goldes zu dem herausgetragenen Golde noch hinzuzufügen. In dieser Weise mit Schätzen reich beladen, kehrte Alkmäon nach Griechenland heim und legte daselbst zu dem grossen Reichthum, durch den seine Nachkommen später glänzten, den ersten Grund. Wenn an die Wahrheit dieser Geschichte zu glauben schon an und für sich ziemlich schwer fällt (z. B. auch schon wegen des geringen Volumens von etwa zwei Centnern Gold), so kommt noch hinzu, dass eine Zusammenkunft des Alkmäon und Krösus auch in chronologischer Hinsicht auf grosse Bedenken stösst, da Ersterer im kirrhäischen Kriege schon athenischer Feldherr war, als Krösus noch kaum geboren war. Wir haben daher in der ganzen Geschichte wohl nichts Anderes zu sehen, als nur einen Scherz, der aus irgend einer für uns nicht mehr erkennbaren Veranlassung zur Erklärung des grossen Reichthums der Alkmäoniden erfunden ist (vgl. Herodot's am Schlusse der Geschichte gemachte Bemerkung οὕτω ἐπλούτησε ἡ οἰκίη αὕτη μεγάλως.)

Ausser Alkmäon hat man auch noch einen anderen Athener jener Zeit die Schatzkammern des Krösus betreten lassen, nämlich den Gesetzgeber Solon, diesen aber nicht, um sich an den Schätzen zu bereichern, sondern nur um sie zu verachten. Dass auch Solon's Zusammenkunft mit Krösus zu chronologischen Bedenken Anlass giebt, hat man nicht erst in neuerer Zeit, sondern auch bereits im Alterthum erkannt, vgl. Plut. Sol. 27:
Τὴν δὲ πρὸς Κροῖσον ἔντευξιν αὐτοῦ δοκοῦσιν ἔνιοι τοῖς χρόνοις ὡς πεπλασμένην ἐλέγχειν. Ἐγὼ δὲ λόγον ἔνδοξον οὕτω καὶ τοσούτους μάρτυρας ἔχοντα καὶ, ὃ μεῖζόν ἐστι, πρέποντα τῷ Σόλωνος ἤθει καὶ τῆς ἐκείνου μεγαλοφροσύνης καὶ σοφίας ἄξιον οὔ μοι δοκῶ προήσεσθαι χρονικοῖς τισι λεγομένοις κανόσιν, οὓς μυρίοι διορθοῦντες ἄχρι σήμερον εἰς οὐδὲν αὐτοῖς ὁμολογούμενον δύνανται καταστῆσαι τὰς ἀντιλογίας. Offenbar nahmen die alten Chronologen daran

Anstoss, dass sie bei einigen Schriftstellern für Solon's Reise nach Lydien ein erheblich viel früheres Datum angesetzt fanden, als für den Regierungsantritt des Krösus. Der älteste Schriftsteller, aus dem sich eine Zeitbestimmung von Solon's lydischer Reise ergiebt, ist Herodot, der I, 29 sagt: ἀπικνέονται ἐς Σάρδις ἀκμαζούσας πλούτῳ ἄλλοί τε οἱ πάντες ἐκ τῆς Ἑλλάδος σοφισταί, οἳ τοῦτον τὸν χρόνον ἐτύγχανον ἐόντες. ὡς ἕκαστος αὐτῶν ἀπικνέοιτο, καὶ δὴ καὶ Σόλων ἀνὴρ Ἀθηναῖος, ὃς Ἀθηναίοισι νόμους κελεύσασι ποιήσας ἀπεδήμησε ἔτεα δέκα, κατὰ θεωρίης πρόφασιν ἐκπλώσας, ἵνα δὴ μή τινα τῶν νόμων ἀναγκασθῇ λῦσαι τῶν ἔθετο· αὐτοὶ γὰρ οὐκ οἷοί τε ἦσαν αὐτὸ ποιῆσαι Ἀθηναῖοι· ὁρκίοισι γὰρ μεγάλοισι κατείχοντο δέκα ἔτεα χρήσεσθαι νόμοισι τοὺς ἄν σφι Σόλων θῆται. Wenn Herodot in den letzten Worten den Conjunctiv mit ἄν gebraucht, und nicht den Indicativ ἔθετο, so kann er meiner Ansicht nach nur eine Version vor sich gehabt haben, wonach die Athener dem Solon schon vor der Gesetzgebung den Eid leisteten, weil in anderer Weise das θῆται ἄν sich schlechterdings nicht erklären lässt, und nach dieser Version fällt dann also Solon's Reise in die Jahre 594 bis 584, da ja über 584 hinaus der Eid der Athener nicht mehr bindend war. Der Version des Herodot folgt auch ganz genau Demetrius Triclinius, der zum Anfange der Trachinierinnen bemerkt φασὶν Ἀθηναίοις αἰτήσασθαι Σόλωνα νόμον γραφήν, τὸν δὲ δεδιότα τὸ ἀψίκορον αὐτῶν ὅρκον αἰτῆσαι αὐτούς. Plutarch verlegt die Eidesleistung Sol. c. 25 erst in die Zeit nach der Gesetzgebung des Solon und lässt auch die Athener statt auf 10 gleich auf 100 Jahre schwören, aber nichtsdestoweniger ist er der Ansicht, dass Solon seine Reise unmittelbar nach der Gesetzgebung antrat, da er von ihm comp. Sol. et Publ. c. 3 sagt: ὁ μὲν γὰρ ἅμα τῷ θέσθαι τοὺς νόμους ἀπολιπὼν ἐν ξύλοις καὶ γράμμασι ἐρήμοις τοῦ βοηθοῦντος. ᾤχετ᾽ ἀπιὼν ἐκ τῶν Ἀθηνῶν. Eine etwas unbestimmtere Angabe über Solon's Reise findet sich in der Schrift περὶ πολιτειῶν I, 5 (F. H. G. II, 208), indessen ist hier der Zusammenhang der Reise mit der Gesetzgebung wenigstens gewahrt; die Stelle lautet: Σόλων νομοθετῶν Ἀθηναίοις καὶ χρεῶν ἀποκοπὰς ἐποίησε τὴν σεισάχθειαν λεγομένην· ὡς δὲ διώχλουν αὐτῷ τινες περὶ τῶν νόμων ἀπεδήμησεν ἐς Αἴγυπτον. Im Gegensatze zu der durch Herodot, Plutarch und vielleicht auch Aristoteles vertretenen Tradition steht bei Diogenes von Laerte und anderen Schriftstellern die Angabe, dass Solon erst zu der Zeit nach

Lydien kam, als er durch die Tyrannis des Pisistratus zum
Verlassen seiner Vaterstadt sich genöthigt. sah. Diogenes sagt
I, 50 Ἤδη δὲ αὐτοῦ (sc. Πεισιστράτου) κρατοῦντος οὐ πείθων,
ἔθηκε τὰ ὅπλα πρὸ τοῦ στρατηγείου καὶ εἰπών, „ὦ πατρίς, βεβοήθηκά
σοι καὶ λόγῳ καὶ ἔργῳ“, ἀπέπλευσεν ἐς Αἴγυπτον καὶ ἐς Κύπρον
καὶ πρὸς Κροῖσον ἦλθεν. Aehnlich sagt Suidas s. v. Σόλων:
ἐπιβουληθεὶς δ' ὑπὸ Πεισιστράτου τοῦ τυράννου ἀπεδήμησεν ἐν
Κιλικίᾳ, καὶ ἔκτισε πόλιν, ἣν Σόλοις ἐκάλεσεν ἐξ αὐτοῦ· οἱ δὲ καὶ
τοῖς ἐν Κύπρῳ Σόλοις ἐξ αὐτοῦ φασι καὶ τελευτῆσαι αὐτὸν ἐν
Κύπρῳ, ferner Valerius Maximus V, 3 : Solon qui Pisistrati ty-
rannidem primus vidit orientem, et solus, armis opprimi debere,
palam dictitare ausus est, senectutem Cypri profugus exegit:
neque ei in patria, de qua optime meruerat, humari contigit;
und Gellius XVII. 21, der aber den Solon schon kurz vor der
Tyrannis des Pisistratus abreisen lässt ; er sagt: Servio autem
Tullio regnante Pisistratus Athenis tyrannus fuit, Solone ante
in exilium voluntarium profecto, quoniam id ei praedicenti non
creditum est. Wenn man die verschiedenen Traditionen über
die Zeit von Solon's Reisen mit einander vergleicht, so hat man
zweierlei zu beachten, erstens, dass die Reise nach der Gesetzgebung und die Reise, nachdem Pisistratus sich der Tyrannis
bemächtigt hatte, einander sehr ähnlich sind, da in beiden
Fällen Solon nach Aegypten, Cypern und Lydien kommt (vgl.
Herod. I, 30 ἐς Αἴγυπτον ἀπίκετο παρὰ Ἄμασιν καὶ δὴ καὶ ἐς
Σάρδις παρὰ Κροῖσον und Plutarch c. 26 πρῶτον μὲν εἰς Αἴγυπτον
ἀφίκετο.... ἔπειτα πλεύσας ἐς Κύπρον u. s. w. und c. 27 τὴν
δὲ πρὸς Κροῖσον ἔντευξιν αὐτοῦ u. s. w., und andererseits
wieder Diog. ἀπέπλευσεν εἰς Αἴγυπτον καὶ εἰς Κύπρον καὶ πρὸς
Κροῖσον ἦλθεν), und zweitens ist zu beachten, dass kein Schriftsteller die beiden Reisen zugleich erwähnt, und dass sogar
Plutarch, der also nur die Reise nach der Gesetzgebung kennt,
ausdrücklich hervorhebt, dass Solon seit der Tyrannis des Pisistratus Athen nicht mehr verlassen hat; er sagt c. 30: καὶ τὸ
λοιπὸν ἡσυχίαν ἦγε, καὶ τῶν φίλων φεύγειν παραινούντων οὐ
προσεῖχεν, ἀλλὰ ποιήματα γράφων ὠνείδιζε τοῖς Ἀθηναίοις·

εἰ δὲ πεπόνθατε λυγρὰ δι' ὑμετέρην κακότητα,
μή τι θεοῖς τούτων μῆνιν ἐπαμφέρετε.
αὐτοὶ γὰρ τούτοις ηὐξήσατ' ἐρύματα δόντες,
καὶ διὰ ταῦτα κακὴν ἔσχετε δουλοσύνην.

Ἐπὶ τούτοις δὲ πολλῶν νουθετούντων αὐτὸν ὡς ἀποθανούμενον ὑπὸ τοῦ τυράννου καὶ πυνθανομένων τίνι πιστεύων οὕτως ἀπονοεῖται, „τῷ γήρᾳ“ εἶπεν. Οὐ μὴν ἀλλ' ὁ Πεισίστρατος ἐγκρατὴς γενόμενος τῶν πραγμάτων οὕτως ἐξεθεράπευσε τὸν Σόλωνα τιμῶν καὶ φιλοφρονούμενος καὶ μεταπεμπόμενος, ὥστε καὶ σύμβουλον εἶναι καὶ πολλὰ τῶν πρασσομένων ἐπαινεῖν. vgl. auch Aelian var. hist. VIII, 16. Wenn wir die beiden erwähnten Umstände mit einander zusammenhalten, so werden wir uns überzeugen, dass die alten Schriftsteller immer nur von einer und derselben Reise des Solon sprechen und lediglich über die Zeit, in welche dieselbe zu setzen ist, mit einander im Streite sind. Von zwei verschiedenen Reisen sprechen erst die Neueren. Ganz correct verführt unter diesen nur noch Reiner Reineccius Historia Julia sive Syntagma heroicum, Helmaestadii 1594 Bd. I, S. 497, der die Angaben des Diogenes und Suidas ausdrücklich als blosse Variante citirt. Der zunächst nach ihm schreibende Meursius hat aber schon die Varianten dahin ausgeglichen, dass er den Solon zu zwei verschiedenen Malen reisen lässt (vgl. Solon sive de eius vita, legibus, dictis atque scriptis liber singularis, Hafniae 1632, S. 115), und dem Beispiele von Meursius sind dann alle neueren Herodotcommentatoren und Geschichtsschreiber gefolgt, und zwar bis auf Duncker herab, der noch in der neuesten Auflage Bd. II, S. 602 sagt: „Solon ging nach Kypros, wo er zwischen 583 bis 573 so wohl aufgenommen worden war, wo Soli, seine eigene Anlage eine ihm werthe Zuflucht bot.“ — Hand in Hand mit der doppelten Datirung der Reise Solon's geht auch die doppelte Datirung seines Todes, worüber Plutarch Sol. 32 mit folgenden Worten spricht: Ἐπεβίωσε δ'οὖν ὁ Σόλων ἀρξαμένου τοῦ Πεισιστράτου τυραννεῖν, ὡς μὲν Ἡρακλείδης ὁ Ποντικὸς ἱστορεῖ, συχνὸν χρόνον, ὡς δὲ Φανίας ὁ Ἐρέσιος, ἐλάττονα δυοῖν ἐτῶν. Ἐπὶ Κωμίου μὲν γὰρ ἤρξατο τυραννεῖν Πεισίστρατος, ἐφ' Ἡγεστράτου δὲ Σόλωνά φησιν ὁ Φανίας ἀποθανεῖν τοῖ μετὰ Κωμίαν ἄρξαντος. Von den beiden hier genannten Zeugen verdient Phanias mehr Glauben, weil er noch genau beifügt, unter welchem Archonten Solon starb. Für Heraklides lässt sich nur anführen, dass er noch für die Reise während der Tyrannis des Pisistratus genügenden Spielraum lässt, aber jedenfalls ist gerade, um diese Reise unterbringen zu können. auch die ganze Verschiebung des Todesjahres gemacht. Dass man dabei nicht auf ein bestimmtes Jahr auslief, sondern nur den unbestimmten Ausdruck συχνὸν χρόνον ἐπεβίωσε wählte, erklärt sich unter solchen Umständen wohl ganz von selbst. Ein älteres Zeugniss, als das des Heraklides ist für die Verlegung von Solon's Reise und Todesjahr nicht bekannt, und gewiss fand auch eine derartige Ausgleichung verschiedener Angaben, wie wir sie hier voraussetzen müssen, vor Beginn der Alexandrinerzeit nicht statt. Für die Veranlassung zur Verlegung der Reise Solon's halte ich die Schwierigkeiten, die sich bei der Datirung seiner Unterredung mit Krösus ergaben; denn jedenfalls haben nicht alle Chronologen, nachdem sie dieselben erkannt hatten, sich auch zur schonungslosen Streichung der ganzen Geschichte entschlossen (vgl. Plut. Sol. 27 ἔνιοι), sondern Viele dürften wohl noch den Versuch gemacht haben, mit einer Correctur zu helfen, und gerade die Unterredung selbst als Beweis dafür genommen haben, dass die ihnen überlieferte Datirung der Reisen Solon's auf Irrthum beruhe, und dass eine Verschiebung dieser Reisen bis auf die Zeit des Pisistratus unumgänglich nothwendig sei (vgl. meine Dissertation De Croeso et Solone fabula, Königsberg 1868, S. 13 und Niese Zur Gesch. Solon's u. s. Zeit in d. A. Schaefer gew. hist. Untersuch., Bonn 1882, S. 10).

Anders als für die alten Chronologen muss die Frage nach der Möglichkeit einer Zusammenkunft des Krösus und Solon sich wohl für uns gestalten. Von vorn herein fest steht für uns nur das Wenige, was sich aus Solon's eigenen Versen ergiebt, nämlich dass er in Aegypten und Cypern gewesen ist und sich Jahre lang daselbst aufgehalten hat (vgl. fr. 28 und 19 ed. Bergk und Plut. Sol. c. 26), und dass er von seinen Reisen schon eine geraume Zeit vor 560 wieder nach Athen zurückgekehrt war, da er die Pläne des Pisistratus früher als Andere durchschaut hat und vor der herannahenden Tyrannis desselben seine Mitbürger nachdrücklich warnt (vgl. fr. 6 aus Diod. IX, 21). Wenn nun Solon schon eine geraume Zeit vor 560 aus Lydien zurückgekehrt gewesen sein soll, so müsste auch der Regierungsantritt des Krösus erheblich viel früher als 560 angesetzt werden, was sich aber im Hinblicke auf die Angaben Herodot's und der Chronographen gewiss nicht empfiehlt. Würde Solon ferner erst unmittelbar nach der Abfassung seines warnenden Gedichtes abgereist sein, so würde er damit gegen sein eigenes Gesetz verstossen haben, da er nach Plut. Sol. 20 bestimmt

hatte, dass jeder Bürger, der bei den Wirren des Staates parteilos
bleibe, mit Atimie zu bestrafen sei. Will man die Reise endlich
noch in den wenigen Monaten unterbringen, welche vom Beginne
der Tyrannis des Pisistratus bis zu dem 559 erfolgten Tode
Solon's vergangen sind, so ist man genöthigt, sie gegen sämmtliche Zeugnisse von den mit längerem Aufenthalte verbundenen
Reisen nach Aegypten und Cypern abzulösen, und tritt ausserdem
noch in Widerspruch zu der S. 72 citirten Stelle Plut. Sol. c. 30,
die nach Beseitigung der zweiten Reise Solon's an Beweiskraft
noch erheblich gewinnt. Die chronologischen Schwierigkeiten
sind also für jeden Fall nicht gering. Sollte Jemand trotzdem
glauben, sich mit denselben noch mit gutem Gewissen abfinden
zu können, so könnte er den Besuch Solon's doch immer nur in
den Anfang der Regierung des Krösus setzen und hätte damit
im günstigsten Falle nur etwas Halbes erreicht und dem Herodot in sehr unvollkommenem Masse gedient: denn nach Herodot
kommt Solon nicht, als Krösus eben die Regierung angetreten
hat und die kleinen Kämpfe mit den griechischen Städten
beginnt, sondern erst drei Jahre vor dem Entscheidungskampfe
mit Cyrus, zu einer Zeit, als Krösus bereits grosse Erfolge
erreicht hat und auf dem Höhepunkte seines Glückes steht.
Kann man es also nicht möglich machen, die Unterredung gleich
bis in diese Zeit zu verschieben, so sind die chronologischen
Schwierigkeiten bei der herodotischen Erzählung schliesslich doch
nur in ganz unvollständiger Weise gelöst.

    Nicht weniger als durch die chronologischen Schwierigkeiten
verräth sich die Erzählung von Krösus und Solon bei näherer
Betrachtung auch schon durch ihren Inhalt als reine Erfindung.
Duncker hat die Unterredung selbst noch als historisch behandelt
und nur das Ausrufen des Namens Solon auf dem Scheiterhaufen
als Erfindung gestrichen; aber damit bleibt er wohl auf halbem
Wege stehen, da doch der Ausruf gerade die Pointe von der
ganzen Geschichte ist, mit der auch die Unterredung gleichzeitig
steht und fällt. Dass die Erinnerung an Solon auf dem brennenden Scheiterhaufen einiges Befremdende hat, scheint auch schon
Herodot gefühlt zu haben, da er zu Κροίσῳ ἰστεῶτι ἐπὶ τῆς
πυρῆς ἐσελθεῖν τὸ τοῦ Σόλωνος noch hinzufügt καίπερ ἐν κακῷ
ἐόντι τοσούτῳ; und in der That muss man auch wohl annehmen,
dass Krösus in seiner Todesangst Anderes im Kopfe gehabt

haben würde, als die Worte des Solon, besonders wenn er sie vor mehr als zehn Jahren gehört und einer Beachtung überhaupt niemals für werth gehalten hat. Noch wunderbarer als jene Erinnerung an und für sich wäre es, wenn dieselbe sich durch einen dreimaligen Schrei Luft gemacht hätte; und will man auch dieses zugeben, so bleibt noch als das Auffallendste, dass Cyrus, der ja nicht einmal die Sprache des Krösus verstand, durch einen ihm unverständlichen Schrei bestimmt worden wäre, während das Feuer schon brannte, den Krösus nach der Bedeutung desselben durch Dolmetscher fragen zu lassen. Herodot giebt an, Cyrus hätte sich eingebildet, dass Krösus einen Gott zu Hilfe riefe, und daher den Wunsch gehabt, den Namen desselben zu erfahren; allein wer der vermeintliche Gott war, konnte den Cyrus doch erst interessiren, nachdem derselbe sich bewährt und den wunderbaren Regen aus blauem Himmel geschickt hatte, also erst nach der Errettung des Krösus und nicht schon vor derselben, und somit ist denn wohl die ganze Frage des Cyrus nicht als Thatsache aufzufassen, sondern als eine Erfindung, die von Jemandem herrührt, der über die Wirkung, die damit hervorgebracht werden sollte, schon längst mit sich im Klaren war. Auch die Unterredung des Krösus mit Solon ist, selbst wenn man sie, abgelöst von der Scheiterhaufenscene, für sich allein betrachten will, dennoch immer am leichtesten verständlich, wenn man sie als reine Dichtung fasst, die den Sturz des Krösus als bereits eingetreten voraussetzt und geflissentlich auf denselben zielt. In Wirklichkeit würde Solon dem Krösus in ganz anderer Weise erklärt haben, warum der Begriff des Reichthums sich mit dem Begriffe des Glückes nicht deckt und das beständige Herauskehren der Todesart ist, wenn man die Beziehung auf die drohende Verbrennungsstrafe des Krösus glaubt ausschliessen zu müssen, jedenfalls nur fernliegend und gesucht. Aehnlich wie die Antwort des Solon ist meines Erachtens auch schon die Frage des Krösus von Anstoss nicht ganz frei. Zunächst ist es mir schon etwas zweifelhaft, ob Krösus dem Solon in Wirklichkeit überhaupt eine solche Beachtung geschenkt haben würde, wie diese Frage sie voraussetzt, und dann möchte ich auch meinen, dass die ganze Frage erst von Jemandem gemacht ist, der die Antwort darauf schon längst in Bereitschaft hatte. Sie steht auf einer Stufe mit den meisten anderen Fragen, auf

welche in Anekdoten eine besonders treffende oder überraschende
Antwort erfolgt, und ist nicht anders zu beurtheilen, als z. B.
die von Krösus an Pittakus gerichtete Frage τίς ἀρχὴ μεγίστη,
worauf dieser antwortet ἡ τοῦ ποικίλου ξύλου (σημαίνων τὸν νόμον)
vgl. Diog. I, 77 und Diod. IX. 27 oder die schon oben erwähnte
Frage des Krösus an Pittakus εἰ χρήματά ἐστιν αὐτῷ mit der
Antwort διπλάσια ἢ ἐβουλόμην, τοῦ ἀδελφοῦ τεθνηκότος vgl.
Plut. de frat. am. c. 12.

Fragen wir nach den Gewährsmännern, welche dem Herodot
die Erzählung von Krösus und Solon übermittelten, so haben
wir unser Augenmerk zunächst auf die Delpher zu richten. Von
diesen hat Herodot in der Geschichte des Krösus überhaupt
sehr viel entlehnt, und namentlich verdankt er ihnen, wie wir
unten sehen werden, auch die Angabe, dass Krösus auf dem
Scheiterhaufen dreimal den Namen Solon ausgerufen habe, und
da nun diese Angabe wieder mit der Unterredung selbst unzer-
trennlich zusammenhängt, so hat auch für die Unterredung dem
Herodot eine delphische Quelle mindestens zu Gebote gestanden.
Sehen wir uns nun in seinem Berichte nach Spuren der delphischen Quelle um, so kommt wohl der Schluss der Erzählung
von Kleobis und Biton in Betracht, welcher folgendermassen
lautet: Ἀργεῖοι δέ σφεων εἰκόνας ποιησάμενοι ἀνέθεσαν ἐς Δελφοὺς ὡς ἀνδρῶν ἀρίστων γενομένων. Herodot hat die hier erwähnten Bildsäulen bei seinem Aufenthalte in Delphi jedenfalls
selbst gesehen, und dass er bei dieser Gelegenheit mit seinen
Führern auch über den wunderbaren Tod des Kleobis und Biton
gesprochen hat, versteht sich von vorn herein schon selbst.
Ausser der delphischen Tradition hat Herodot sicher auch noch
manchen anderen Bericht über das Gespräch des Krösus und
Solon gehört, aber trotzdem möchte ich behaupten, dass das,
was er in seinem Werke erzählt, der delphischen Fassung im
Wesentlichen entspricht. Als charakteristisch für dieselbe be-
trachte ich die Einschaltung der Geschichte von Kleobis und
Biton, die ursprünglich mit der Erzählung überhaupt in gar
keiner Beziehung steht; denn dass es sich hier um eine blosse
Einschaltung handelt, halte ich aus folgenden Gründen für gewiss:

1. In einer ursprünglichen Erzählung würde Krösus nach
der ersten Antwort des Solon schwerlich noch weiter gefragt
haben, da der Zweck der ganzen Erzählung mit dieser Antwort

bereits so vollständig erreicht ist, dass Niemand mehr etwas vermisst. Die zweite Frage und Antwort dient auch in keiner Weise mehr dazu, die Erzählung zu fördern, sondern zieht sie nur ganz beträchtlich in die Länge.

2. Die beiden Erzählungen des Solon haben eine ganz verschiedene Tendenz: die Erzählung von Tellos soll zeigen, dass erst Derjenige für glücklich gehalten werden kann, der ein schönes Leben durch einen schönen Tod bereits beschlossen hat, wogegen die Erzählung von Kleobis und Biton nur darthun will, dass der Tod die beste Erlösung von allen Leiden des Lebens ist, vgl. Herod. I, 31: διέδεξε ἐν τούτοισι ὁ θεὸς ὡς ἄμεινον εἴη ἀνθρώπῳ τεθνάναι μᾶλλον ἢ ζώειν, und bald darauf ἡ δὲ μήτηρ περιχαρὴς ἐοῦσα τῷ τε ἔργῳ καὶ τῇ φήμῃ, στᾶσα ἀντίον τοῦ ἀγάλματος εὔχετο Κλεόβι τε καὶ Βίτωνι τοῖσι ἑωυτῆς τέκνοισι, οἵ μιν ἐτίμησαν μεγάλως, τὴν θεὸν δοῦναι τὸ ἀνθρώπῳ τυχεῖν ἄριστόν ἐστι. Gewiss war also irgend Jemand durch den schönen Tod des Tellos an Kleobis und Biton erinnert worden und fügte daher die Geschichte von denselben als Fortsetzung zu der Haupterzählung ohne Weiteres hinzu.

3. Die Geschichte von Kleobis und Biton passt in den Zusammenhang sehr schlecht hinein: denn was für einen Zweck es gehabt hätte, gerade dem reichen Krösus einzuschärfen, dass der Tod die beste Erlösung von allen Leiden des Lebens sei, ist vollständig unerfindlich, wogegen der schöne Tod, den Tellos als Sieger in dem Kampfe für das Vaterland erleidet, zu dem schmählichen Ende, das dem Krösus später nach seiner Niederlage von Cyrus zugedacht war, einen Contrast bildet, der sicherlich nicht unbeabsichtigt ist.

4. Die Geschichte von Kleobis und Biton kann selbstständig bestehen, da sogar das haec fabula docet ihr nicht einmal fehlt, aber die Geschichte von Tellos gewinnt eine Pointe erst durch den Contrast mit Krösus.

5. In den beiden von Solon erzählten Geschichten ist die primäre Quelle ganz verschieden. Die Geschichte von Kleobis und Biton ist offenbar eine alte Sage, die ihren Ausgangspunkt in Argos hat, wogegen alles Uebrige in der Erzählung ein vollkommen attisches Gepräge trägt. Das Gefecht mit den Megarern bei Eleusis wird ausserhalb des attischen Gebietes schwerlich lange in Erinnerung geblieben sein und ebenso auch der in dem

Gefechte erfolgte Tod des Tellos und dessen öffentliche Be-
stattung, während bei den Athenern selbst die Erinnerung daran
durch das Grabmal auf dem Schlachtfelde beständig wach gehalten wurde. Die in der Erzählung erwähnte Gesetzgebung
des Solon war in Griechenland natürlich allgemein bekannt,
aber der ihm geleistete Schwur der Athener, sowie auch seine
Reise zu Amasis hatten wohl nur ein speciell athenisches Interesse
und wenn auch die Erinnerung daran in der Zeit nach Krösus
schon ziemlich unklar geworden ist, so steht das mit dem
athenischen Charakter der Geschichte selbstverständlich nicht
im Widerspruch. Von ausserattischen Dingen kommt in der
ursprünglichen Erzählung nur der Sturz des Krösus vor, der
natürlich auch in Attika, als er daselbst bekannt wurde, die
allergrösste Sensation erregt hat. Gewiss wurde also bei der
Gelegenheit irgend ein Athener zu der Betrachtung veranlasst,
dass auch das grösste Glück immer nur unbeständig ist, und
dass ein einfacher Mann wie Tellos, wenn man sein Leben in
seiner Gesammtheit nimmt, viel glücklicher zu nennen ist, als der
wegen seines Glückes in aller Welt so hoch gepriesene König Krösus.

6. In Herodot's Bericht ist die Reise des Solon übervollständig motivirt, was ein Symptom dafür ist, dass ursprünglich
zwei verschiedene Verfasser betheiligt sind. Dass Solon durch
den Schwur der Athener zum Reisen veranlasst wurde, ist
natürlich Eigenthum der athenischen Erzählung, und dass er
ausserdem noch aus Wissbegierde die Reise unternahm (vgl.
αὐτῶν δὴ ὧν τούτων καὶ τῆς θεωρίης εἵνεκεν), ist nichts Anderes
als eine Zuthat von zweiter Hand.

Ob Herodot selbst den athenischen und delphischen Bericht
mit einander vereinigt hat, oder schon in Delphi die Zusammen-
fügung fertig vorfand, ist mit Bestimmtheit zu sagen wohl sehr
schwer. Jedenfalls hängt die Entscheidung wesentlich davon
ab, ob man ihm zutraut, dass er eine eigene Erfindung wie das
Weiterfragen des Krösus und das Erzählen der Geschichte von
Kleobis und Biton durch Solon als Thatsache auszugeben kein
Bedenken trug. — Herodot giebt den ihm überlieferten Bericht
mit grosser Ausführlichkeit wieder und verweilt mit besonderem
Behagen bei der Antwortsrede des Solon, die er sehr sorgfältig
ausgearbeitet hat. Er nimmt darin auch die Gelegenheit wahr,
einige Proben von seiner Unwissenheit im griechischen Kalender-

wesen zum Besten zu geben und fügt auch noch Manches von seiner eigenen Lebensweisheit hinzu, so z. B. den auf seinen Reisen ihm beigekommenen Gedanken, dass jedes Land verschiedene Producte hat und kein einzelnes sie alle in sich vereinigt.

Bei späteren Schriftstellern wird die Erzählung von Krösus und Solon noch öfters wiederholt, wobei es natürlich an allerlei Zuthaten und Aenderungen nicht fehlt. Diodor IX, 26—28 erzählt, dass Krösus die hervorragenden Weisen von Griechenland zu sich eingeladen hatte, um sich von ihnen verherrlichen zu lassen und sie dann zum Danke dafür durch grosse Geschenke zu belohnen. So erschienen bei ihm zugleich mit Solon auch noch Pittakus. Bias und Anacharsis. An jeden einzelnen von seinen Gästen richtet Krösus Fragen, mit denen er darauf abzielt, sich in der einen oder der anderen Hinsicht als den ausgezeichnetsten unter allen Menschen preisen zu lassen, aber allemal wird er durch die Antworten, welche er erhält, in hohem Grade enttäuscht. Den Solon fragt er zuerst, ob er nicht unter allen Menschen der glücklichste sei, und als derselbe dieses verneint, fragt er ihn weiter, ob er nicht wenigstens der reichste sei, und da Solon auch dieses nicht zugiebt, wendet er sich sogar noch an Bias mit der Frage, ob Solon mit seiner Ansicht denn wirklich im Rechte sei. Nachdem die Unterredung des Krösus mit den griechischen Weisen beendigt ist, erscheint bei den letzteren schliesslich noch der Fabeldichter Aesop und stellt ihnen vor, dass sie alle mit Königen nicht umzugehen verständen, da man mit denselben entweder ὡς ἥκιστα oder ὡς ἥδιστα verkehren müsse. Die von Diodor wiedergegebene Erzählung, welche wohl die des Ephorus ist, findet sich auch bei Plutarch Sol. 27 und 28, wo sie allerdings durch Ausschmückungen schon wieder mehrfach erweitert ist. Plutarch ergeht sich namentlich in Schilderungen der grossen Pracht am Hofe des Krösus und erzählt, dass sogar die Diener im Palaste mit solcher Pracht geschmückt waren, dass Solon jeden einzelnen, sobald er bei ihm vorbeikam, schon immer für den Krösus hielt, und dass Krösus selbst vollends von Gold und Edelsteinen geradezu strahlte, da er das Kostbarste, was er hatte, an sich trug, um dadurch gleich beim ersten Anblicke das Staunen Solon's zu erregen. Erst als dieses Mittel nicht wirkt, giebt er zum Herumführen des Solon in seinen Schatzkammern den Befehl. Nach der darauf erfolgten Unterredung zwischen Krösus und Solon erscheint auch bei Plutarch der Fabeldichter Aesop, aber als dieser dem Solon die Lehre giebt, dass man mit Königen ὡς ἥκιστα ἢ ὡς ἥδιστα verkehren müsse, giebt derselbe dieses nicht zu und sagt, dass das ὡς ἥδιστα in ὡς ἄριστα zu verändern sei. Bei späteren Schriftstellern wird die Schilderung der Pracht des Krösus noch weiter ausgesponnen, als bei Plutarch. Bei Diogenes I, 50 schmückt Krösus sich auf das Prachtvollste, setzt sich auf den Thron und fragt den Solon, ob er schon je etwas Schöneres gesehen hätte, worauf dieser ihm antwortet, dass Pfauen und Fasanen doch eigentlich viel hübscher sind; und bei Demetrius Triklinius vollends (zum Anfang der Trachinierinnen) zeigt Krösus dem Solon Soldaten in goldener Rüstung und einen massiv goldenen Altar des Apollo. Andere Schriftsteller haben auch die Geschichte von Tellos und von Kleobis und Biton variirt, so z. B. Tzetzes, der nicht einsieht, weshalb die Mutter der Letzteren, wenn kein Fuhrwerk zur Stelle war, nicht einfach zu Fuss gehen konnte, und sie deshalb ohne Weiteres zu einer Kranken macht, und ferner den Tellos in der Erkenntniss, dass dessen Glück noch steigerungsfähig ist, ganz unbedenklich zum Feldherrn avanciren lässt (vgl. Chil. I, hist. 1). An Stelle des Kleobis und Biton nennt Solon bei Ausonius in dem Ludus VII sapientum den Aglaos aus Psophis (vgl. Paus. VIII, 24, 13 und Val. Max. VII, 1, 2;) und bei Cedrenus nennt er den erst einige Jahrhunderte nach seiner Zeit lebenden Cyniker Diogenes. Am ärgsten zugerichtet ist die Erzählung von Krösus und Solon in den Mythogr. Vat. ed. Bode (Celle 1834) I, 196 und II, 190. Hiernach findet Krösus, nachdem er schon auf den Scheiterhaufen gebracht war, Gelegenheit, zu entwischen; später rühmt er sich dessen noch zu Solon, wird aber von diesem ermahnt, sich nicht zu früh zu freuen, da Niemand wisse, was für ein Unglück ihm im Leben noch bevorstehe; und so wird er denn auch wirklich von Cyrus bald wieder eingefangen und mit dem Tode am Kreuze bestraft. Als besondere Zuthat findet sich in dieser Erzählung noch ein warnender Traum des Krösus, bei dessen Erfindung der Herod. III, 124 erzählte Traum der Tochter des Polykrates jedenfalls das Vorbild war.

Bald nach der Abreise des Solon wurde Krösus für seine Ueberhebung, die er sich demselben gegenüber hatte zu Schulden

6

kommen lassen, durch den Tod seines Sohnes Atys von den
Göttern hart gestraft. Nach der von Herodot I, 34 bis 45
mitgetheilten Erzählung wurde ihm durch einen Traum ange-
deutet, dass Atys durch eine Eisenspitze würde getödtet werden.
In Folge dessen traf er bald nach dem Erwachen Vorsichts-
massregeln, um seinen Sohn dem ihm drohenden Verhängnisse
zu entziehen. Er gestattete ihm nicht mehr, in den Krieg zu
ziehen, wo er bisher gewohnt war, die Lyder anzuführen, liess
alle Waffen aus seiner Nähe entfernen, und bestimmte ihn
sogar, sich zu verheirathen, damit er umsomehr auf das häus-
liche Leben möchte beschränkt werden. Während Krösus mit
der Verheirathung seines Sohnes beschäftigt war, kam an seinen
Hof ein Sohn des Königs Gordias von Phrygien, Namens
Adrastos. Derselbe hatte wider seinen Willen seinen Bruder
erschlagen, war dafür von seinem Vater verbannt worden und
kam nun als Flüchtling nach Lydien. Krösus nahm sich seiner
freundlich an: er entsühnte ihn von der auf ihm lastenden Blutschuld nach lydischem Gebrauche und nahm ihn eingedenk seiner
Freundschaft mit Gordias als Gast zu sich an den Hof. Bald
nach der Entsühnung des Adrastos kamen Abgesandte der Myser
zu Krösus und baten ihn um Hilfe gegen ein grosses wildes
Schwein, das fortwährend ihre Felder verwüste. Sie allein ver-
möchten sich desselben nicht zu erwehren, und daher möchte
Krösus seinen Sohn mit auserlesenen Jünglingen und mit Hunden
zu ihnen schicken, um ihnen bei der Vertreibung des Unthieres
zu helfen. Krösus ging auf die Absendung der Hilfe bereitwillig
ein, seinen Sohn aber weigerte er sich mitzugeben, und erst als
dieser sich selbst mit Bitten an ihn wandte und ihm vorstellte,
dass ein Tod durch eine Eisenspitze im Kampfe gegen ein
wildes Thier ja nicht zu befürchten sei, verstand er sich dazu,
auch ihm die Betheiligung an dem Zuge zu gestatten. Um ihn
bei dem Unternehmen vor jedem Unglücke zu beschützen, gab
er ihm noch als Begleiter den Phryger Adrastos mit, der sich
auch ausdrücklich verpflichtete, ihm seinen Sohn, so weit es
von ihm abhinge, unversehrt wieder zurückzubringen. Die Jäger
begaben sich darauf nach dem Berge Olymp, wo sie das Thier
aufspürten, es rings umstellten und von allen Seiten mit Wurf-
spiessen anzugreifen begannen. Dabei hatte nun Adrastos das
Unglück, statt des Thieres den Atys zu treffen und ihn tödtlich

zu verwunden. Als Krösus die Trauerbotschaft erhielt, war er ganz untröstlich und rief in seinem Kummer den Ζεὺς καθάρσιος zum Zeugen dafür an, dass er von demjenigen Manne, den er selbst entsühnt hätte, so Schweres erdulden müsse, und ferner rief er auch den Ζεὺς ἐπίστιος und ἑταιρήιος an, weil der in seinem Hause aufgenommene Gast zum Mörder seines Sohnes, und der seinem Sohne beigegebene Wächter zu seinem ärgsten Feinde geworden war. Darauf kamen die Myser mit der Leiche an und hinter der Leiche folgte der unglückliche Mörder. Derselbe trat nun zu Krösus heran und bat, dass er ihn möchte tödten lassen, da es ihm nicht möglich sei, nach solchem Unglücke noch länger zu leben. Als Krösus dieses hörte, wurde er von Mitleid ergriffen und erklärte, dass er, nachdem Adrastos sich selbst für des Todes schuldig erkannt habe, auf jede weitere Sühne verzichte, denn nicht Adrastos sei der Urheber des Unglücks, sondern irgend ein Gott, der vor demselben schon lange vorher im Traume gewarnt hatte. Krösus begrub dann seinen Sohn mit den gebührenden Ehren, Adrastos aber begab sich, nachdem Alles zur Ruhe gekommen war, an das Grab, und nahm sich auf demselben in seiner Verzweiflung das Leben.

Herodot's Erzählung hat ihren Ursprung jedenfalls in Lydien. Einen Einblick in ihre Entstehung gewährt eine von Pausanias aus dem Dichter Hermesianax mitgetheilte Erzählung, die zu der herodotischen eine Vorstufe ist. Nach Pausanias VII, 17, 5, hatte nämlich der Elegiker Hermesianax erzählt, dass Ἄττης aus Phrygien abstammte, nachdem er erwachsen war, nach Lydien übersiedelte, daselbst seiner Mutter Orgien weihte und die Ehrenbezeugungen seiner Mutter dermassen steigerte, dass Zeus endlich zur Strafe dafür ein wildes Schwein nach den Feldern der Lyder schickte, durch welches ausser anderen Lydern schliesslich auch Attes selbst getödtet wurde. Die vorliegende Erzählung hat allem Anscheine nach den Zweck gehabt, irgend einen religiösen Gebrauch zu erklären (vgl. namentlich die Worte καί τι ἑπόμενον τούτοις Γαλατῶν δρῶσιν οἱ Πεσσινοῦντα ἔχοντες ὑῶν οὐχ ἁπτόμενοι), und dieses mag der Grund sein, weshalb sie sich in Kleinasien lange gehalten hat und noch dem Hermesianax in Kolophon zu Ohren kam. Wenn man Herodot's Erzählung mit der von Hermesianax mitgetheilten Sage vergleicht, so findet man zunächst, dass Adrastos hinzugekommen

6*

ist und statt des wilden Schweines die Tödtung des Atys selbst
vollzieht, und ferner, dass der in der Jugendblüthe durch einen
gewaltsamen Tod hingeraffte Atys als Sohn des Krösus erscheint.
Sowohl Atys als auch Adrastos sind mythische Gestalten, die
ihren Ausgangspunkt in Kleinasien haben (vgl. A. Baumeister
De Atye et Adrasto, Lipsiae 1860, S. 8 u. 10 ff.). Wie es kam,
dass sie in die Geschichte des Krösus verflochten wurden, lässt
sich nicht angeben, falls man nicht etwa die Vermuthung wagen
will, dass ein wirklich erfolgter gewaltsamer Tod eines Sohnes
von Krösus dazu den Anlass gegeben habe; aber immerhin hat
man festzuhalten, dass die Entwickelung der alten Sage bis zu
der bei Herodot mitgetheilten Erzählung auch in Lydien selbst
vor sich gegangen ist.

Fragen wir, auf welchem Wege die in Rede stehende Erzählung zu Herodot gelangt ist, so haben wir wohl nur die
Wahl zwischen Xanthus, den Herodot nach der Behauptung
des Ephorus bei Athenäus XII, pag. 515 als Quelle benutzt
haben soll, und den Lydern selbst, die Herodot I, 87 und 94
ausdrücklich als seine Berichterstatter nennt. Die Frage, wie
man sich bei der Wahl zu entscheiden hat, kommt wesentlich
darauf hinaus, ob die Quelle zu der Erzählung vom Tode des
Atys eine schriftliche oder eine mündliche gewesen ist. Als
Kriterium werden wir dabei zu betrachten haben, dass ein knapper
gedrängter Bericht voller Daten und Namen, wie wir ihn z. B.
I, 7, 14 — 16, 25 und 26 gefunden haben, meistens aus einer
schriftlichen Quelle excerpirt ist, während eine anmuthige Erzählung in breiter behaglicher Darstellung, wie z. B. die Geschichte
vom Sturze des Gyges I, 8 — 13 oder von Arion I, 23 und 24
in der Regel die erste Niederschrift nach mündlicher Ueberlieferung ist. Legen wir nun diesen Massstab an die Erzählung
vom Tode des Atys an, so werden wir finden, dass in derselben
Alles für eine mündliche Quelle spricht, und an einer solchen
müssen wir auch von vorn herein bemüht sein, festzuhalten, so
lange nicht wirklich zwingende Gründe entgegenstehen. Kirchhoff glaubt nun im 44. Capitel, wo erzählt wird, wie Krösus
nach dem Tode des Atys den Zeus unter verschiedenen Namen
anrief, ein wirkliches Indicium für eine schriftliche Quelle gefunden
zu haben. Er lässt sich darüber in den Nachträglichen Bemerkungen zu der Abhandlung über die Abfassungszeit des

Herodotischen Geschichtswerkes (Berlin 1872) S. 48 mit folgenden
Worten aus: „Wenn Herodot sich herbeilässt, seinen Lesern
ausdrücklich und mit verhältnissmässiger Ausführlichkeit zu erklären, weshalb Krösus in seinem Kummer den Zeus nicht nur
als καθάρσιος, sondern auch als ἐπίστιος und ἑταιρήιος angerufen
habe, so liegt nach meinem Gefühle in diesem Umstande der
sichere Beweis dafür, dass dieser Zug seiner Erzählung nicht
von ihm erfunden ist. Nun gehört aber das Motiv seiner ganzen
Natur nach zweifellos nicht zu den wesentlichen Bestandtheilen
der Ueberlieferung selbst, sondern deutlich zu den Elementen
einer individuellen, stark rhetorisirenden Darstellung des Ueber-
lieferten, welche erst von einem diese Darstellung als Quelle
benutzenden Dritten als zum Wesen der Sache gehörig betrachtet
werden konnte. wenn auch nicht nothwendig musste: es hing das
eben von der Beschaffenheit seiner Einsicht und seines Urtheils
ab. Es folgt hieraus meines Erachtens mit Nothwendigkeit, dass
Herodot für die vorliegende Partie seines Werkes eine Quelle
benutzte, welche die Thatsachen in einer individuellen und fest
ausgeprägten äusseren Form überlieferte; oder, mit anderen
Worten, diese Quelle war eine schriftliche, das Geschichts-
werk eines älteren Vorgängers oder Zeitgenossen. Denn dass
der Verfasser, dessen Erzählung sich Herodot anschloss, ein
Landsmann war, dafür bürgt der Umstand, dass dessen Darstellung sich augenscheinlich ganz innerhalb des Kreises national-
hellenischer Anschauungen hielt." Es ist unzweifelhaft richtig,
dass der rhetorische Zug, auf den Kirchhoff aufmerksam macht,
nicht ursprünglich zu der Erzählung gehört, sondern erst hinterher in dieselbe hineingetragen ist. Ebenso wird man auch zugeben können, dass die Quelle, welche Herodot benutzte, die
Thatsachen in einer individuellen, schon ziemlich fest ausgeprägten Form überlieferte, aber dass sie auch eine schriftliche
gewesen sein müsse, kann ich durchaus nicht für zwingend
nothwendig halten: denn es ist sehr wohl denkbar, dass auch
ein mündlicher Berichterstatter sich eine ihm geläufige Geschichte
auf seine Art rhetorisch zurechtmacht und bestimmte Wendungen
beim wiederholten Wiedererzählen derselben immer wieder gebraucht, so lange bis dieselben fast stereotyp für ihn geworden
sind. Eine derartige Handhabung des überlieferten Stoffes scheint
mir gerade dem lydischen Berichterstatter des Herodot gar nicht

fern gelegen zu haben (vgl. namentlich c. 87, die ausdrücklich auf ihn zurückgeführte Darstellung von der Anrufung des Apollo seitens des Krösus und c. 88 und 89 die mehrfach rhetorisch gestaltete Scene zwischen Krösus und Cyrus), wogegen man für die Annahme einer rhetorisirenden Richtung bei Xanthus mindestens keinen Anhalt hat. Kirchhoff hat sich auch auf das Vorkommen von hellenischen Anschauungen in Herodot's Quelle berufen, indess auch darin kann ich einen wirklich sicheren Beweis für Xanthus nicht sehen. Hellenische Anschauungen waren den lydischen Berichterstattern des Herodot vielleicht nicht weniger geläufig als dem Xanthus selbst. Denn diejenigen Lyder, welche dem Herodot seinen Geschichtsstoff lieferten, haben wir uns nur als Halbgriechen, und nicht etwa als echte Orientalen zu denken. Mit echten Orientalen konnte Herodot sich, da er die asiatischen Sprachen bekanntlich nicht verstand, überhaupt nicht anders als durch Dolmetscher verständigen. Er konnte sie zwar über einzelne Dinge, die ihn gerade besonders interessirten, befragen lassen (vgl. z. B. die kurzen Angaben der Chaldäer I, 181 — 183), aber lange Erzählungen mit ihnen auszutauschen war er wohl schwerlich im Stande. Wir haben daher überall, wo er lange orientalische Erzählungen wiedergiebt, an Gewährsmänner zu denken, denen die griechische Sprache vollkommen geläufig war, vielleicht, indem sie sie noch von einem ihrer Vorfahren geerbt hatten, und bei diesen gingen dann natürlich griechische Sprache und ein gewisses Quantum von griechischen Anschauungen mit einander Hand in Hand. Ein Beispiel bietet die III, 80—87 nach persischen Berichten wiedergegebene Geschichte von den nach dem Sturze des Smerdis erfolgten Berathungen der sieben Perser, da dieselbe sich so vollständig in griechischen Vorstellungen bewegt, dass Herodot sich damit bei ihrer ersten Veröffentlichung sogar den Vorwurf der Fälschung zugezogen hat. Eine ähnliche Bewandtniss wie mit den griechischen Anschauungen in der persischen Geschichte, scheint es mir auch mit den griechischen Anschauungen in der lydischen Geschichte zu haben, und wenn man sich dazu versteht, ihr Auftreten auch hier in der angegebenen Weise zu erklären, so entgeht man damit obendrein noch der Nothwendigkeit, dem Xanthus schon von vorn herein eine Gewaltsamkeit zuzuweisen, von der man den Herodot selbst unter allen Umständen entlasten muss.

Ausser Herodot hat auch noch Diodor IX, 29 die Geschichte von dem Tode des Atys erzählt. Er stimmt hier ähnlich wie c. 25 wieder auffallend mit Herodot überein (vgl. z. B. Diod. ἐπικατασφάξαι τῷ τάφῳ mit Herod. c. 45 ἐπικατασφάξαι τῷ νεκρῷ und ἐπικατασφάζει τῷ τύμβῳ ἑωυτόν), zeigt aber auch in einem Punkte eine Abweichung, indem er den Krösus nach dem Tode seines Sohnes in grossen Zorn gerathen und dem Adrastos sogar drohen lässt, ihn lebend zu verbrennen. Es ist möglich, dass hier eine Ergänzung aus einer anderen, vielleicht ursprünglicheren Erzählung vorliegt, indess möchte ich vorziehen, anzunehmen, dass in der Bemerkung Diodor's nichts Anderes zu sehen ist, als eine zu Herodot's Angabe von dem anfänglichen Zorne des Krösus erst nachträglich hinzugefügte Ausmalung.

Nach dem Berichte über den Tod des Atys nimmt Herodot die delphische Quelle über Krösus, der er bisher gefolgt war, wieder auf. Er hatte sich genöthigt geglaubt, die Einschaltung zwar noch vor dem Beginn des Entscheidungskampfes, aber schon nach dem Weggange des Solon zu machen, weil Krösus nach dem Tode seines Sohnes nicht mehr auf dem Höhepunkte seines Glückes stand. Als Uebergang zu dem delphischen Berichte macht er die Bemerkung, dass Krösus nach dem Verluste seines Sohnes noch zwei Jahre in tiefer Trauer verbrachte, bevor er mit den Rüstungen zu dem Kriege begann. Hierbei sind die zwei Trauerjahre einigermassen auffallend. In der delphischen Quelle, welche dem Herodot sonst die Zeitbestimmungen zu liefern pflegt, können sie wenigstens in dieser Gestalt nicht enthalten gewesen sein, da dieselbe von dem Tode des Atys ja überhaupt nichts weiss. Dass die lydischen Berichterstatter die zwei Jahre noch überliefert hatten, ist zwar möglich, aber nicht sehr wahrscheinlich, da dieselben doch für die chronologische Fixirung eines mit anderen Dingen nicht im Zusammenhange stehenden, ganz mythischen Ereignisses wohl schwerlich einen Anlass hatten. Ich möchte daher vermuthen, dass die zwei Jahre nur in einer Combination ihren Grund haben, die Herodot auf ein ihm in Delphi überliefertes Datum hin selbstständig gemacht hat. Die delphische Quelle kann natürlich nur von der Unterredung des Krösus mit Solon ausgegangen sein. Herodot setzt dieselbe kurz vor den Tod des Atys, also zwei Jahre vor Beginn des Krieges, und da der Krieg ein Jahr dauerte, drei Jahre vor den Sturz des Krösus. Ist es gestattet, diese drei Jahre für delphische Ueberlieferung zu nehmen, so kann man damit die I, 91 nach unzweifelhaft delphischer Quelle gemachte Angabe von der dreijährigen Gnadenfrist für Krösus combiniren, und gelangt dabei zu dem Resultate, dass Krösus sich nach delphischer Auffassung seine Ueberhebung zu Solon gerade in dem Augenblicke zu Schulden kommen liess, als seine Uhr so zu sagen eben abgelaufen war.

Bevor Krösus die Rüstungen zu dem Kriege begann, hielt er es für nöthig, zuerst noch ein Orakel zu Rathe zu ziehen. Zunächst beschloss er festzustellen, welches von allen griechischen Orakeln das glaubwürdigste sei, und schickte zu diesem Zwecke zu gleicher Zeit an alle einzelnen Orakel Boten ab mit dem Auftrage, am hundertsten Tage nach der Abreise anzufragen, womit Krösus augenblicklich gerade beschäftigt sei. Um den Orakeln die Prüfung recht schwer zu machen, nahm er am hundertsten Tage absichtlich eine Beschäftigung vor, die so unsinnig war, dass kein Mensch im Stande war, sie zu errathen. Als dann die Boten von ihrer Anfrage zurückkehrten, und dem Krösus die Antworten der einzelnen Orakel überreichten, zeigte es sich, dass ganz allein die Pythia das Richtige getroffen hatte, und dieses brachte den Krösus zu der Ueberzeugung, dass unter allen griechischen Orakeln nur das delphische allein ein wirklich glaubwürdiges sei. — Unger ist in seiner schon erwähnten Abhandlung Kyaxares und Astyages (München 1822) S. 14 von der Wahrheit dieser Geschichte so fest überzeugt, dass er sogar die 150 Tage, welche die Gesandten bis zu ihrer Rückkehr gebraucht haben müssten, bei seinen chronologischen Ansätzen unbedenklich mit in Anschlag bringt. Richtiger hat z. B. Benedict geurtheilt, der in seiner Dissertation De oraculis ab Herodoto commemoratis, Bonn 1871, S. 26, die ganze Erzählung von der Prüfung der Orakel für reine Erfindung erklärt: denn erstens würde Krösus sich nicht veranlasst gesehen haben, die Glaubwürdigkeit des delphischen Orakels noch einmal auf die Probe zu stellen, nachdem seine Vorfahren schon seit mehr als einem Jahrhundert mit demselben in Verbindung gestanden hatten, und zweitens würden die Orakel sich schwerlich herbeigelassen haben, auf eine derartige, bei den Griechen als Gotteslästerung geltende Anfrage (vgl. Grote, Gesch. Griechenl., übers.

v. Meissner II, 472, Anm. 13) überhaupt zu antworten, und am wenigsten an dem von Krösus vorgeschriebenen Tage, da ja z. B. die Pythia anfangs nur einmal in jedem Jahre und später nur einmal in jedem Monate Orakel gab. Die Erfindung hat ihren Ursprung selbstverständlich in Delphi, da die ganze Erzählung nur auf eine Verherrlichung der Pythia berechnet ist. Herodot hielt Alles, was ihm die Delpher von der Prüfung der Orakel erzählt hatten, für zweifellos wahr. Er wollte nun der Sache noch näher auf den Grund kommen und versuchte bei seinen Reisen herauszubringen, was die anderen Orakel dem Krösus geantwortet hätten. Selbstverständlich hat man aber in den anderen Orakelstätten von der in Delphi erfundenen Geschichte überhaupt gar nichts gewusst, und daher hatte denn Herodot wieder einmal das Missgeschick, dass er mehr fragte, als seine Gewährsmänner ihm zu antworten im Stande waren. Er beklagt sich darüber c. 47 mit den Worten ὅ τι μέν νιν τὰ λοιπὰ τῶν χρηστηρίων ἐθέσπισε, οὐ λέγεται πρὸς οὐδαμῶν. In Theben war Herodot mit seinen Fragen so zudringlich geworden, dass man sich dort veranlasst gesehen hatte, für die Ehre des Orakels einzutreten. Etwas Bestimmtes hatte man allerdings im Augenblick nicht anzugeben vermocht, und so hatte man sich begnügt, nur im Allgemeinen zu versichern, dass das Orakel des Amphiaraus dem delphischen bei der Prüfung keineswegs nachgestanden und den Krösus mit seiner Antwort ebenfalls vollkommen befriedigt hätte; vgl. I, 49 τὰ μὲν δὴ ἐκ Δελφῶν οὕτω τῷ Κροίσῳ ἐχρήσθη· κατὰ δὲ τὴν Ἀμφιάρεω τοῦ μαντηίου ὑπόκρισιν οὐκ ἔχω εἰπεῖν ὅ τι τοῖσι. Λυδοῖσι ἔχρησε ποιήσασι περὶ τὸ ἱρὸν τὰ νομιζόμενα (οὐ γὰρ ὦν οὐδὲ τοῦτο λέγεται) ἄλλο γε ἢ ὅτι καὶ τοῦτον ἐνόμισε μαντήιον ἀψευδὲς ἐκτῆσθαι. Der Widerspruch dieser thebanischen Angaben mit dem delphischen Berichte, wonach Krösus nur ganz allein das delphische Orakel anerkannte (vgl. c. 48 νομίσας μοῦνον εἶναι μαντήιον τὸ ἐν Δελφοῖσι) dürfte wohl keinem aufmerksamen Leser des Herodot entgangen sein.

Nach der Prüfung der Orakel lässt Herodot den Krösus Schritte thun, um die Gunst des Apollo zu gewinnen. Wir lesen darüber I, 50 folgenden Bericht: „Darauf suchte Krösus durch grosse Opfer sich den delphischen Gott gnädig zu machen. Er opferte nämlich allerlei Opfervieh, dreitausend Stück von

jeder Art, und liess ferner vergoldete und versilberte Bettgestelle
und goldene Schalen und purpurne Gewänder und Kleider zu
einem grossen Scheiterhaufen schichten und verbrennen in der
Hoffnung, den Gott dadurch noch mehr für sich zu gewinnen.
Auch gebot er den Lydern allen, dass sie opfern sollten, ein
Jeder, was er hätte." Nach Vollbringung des grossen Opfers
bedachte Krösus noch die einzelnen Tempel des Apollo mit
Geschenken. Die delphischen Geschenke hat Herodot c. 50 und
51 einzeln aufgezählt, und wie grossartig dieselben waren, habe
ich bereits S. 67, wo ich von den Reichthümern des Krösus
sprach, näher angegeben. Ebenso wie den delphischen Tempel
hat Krösus auch den Tempel des ismenischen Apollo in Theben
mit Geschenken reich bedacht (vgl. c. 52) und ausserdem schickte
er auch noch an' den Tempel der Branchiden bei Milet Geschenke, die den delphischen an Werth nicht nachstanden. In
Delphi hat Krösus nicht nur den Tempel, sondern auch die
Bürger selbst beschenkt. und zwar liess er jedem Einzelnen von
ihnen zwei Goldstateren zukommen. Was für einen Zweck er
dabei im Auge gehabt hat, ergiebt sich aus der Antwort, die
darauf erfolgte. Herodot sagt darüber I, 54: Δελφοὶ δὲ ἀντὶ
τούτων ἔδοσαν Κροίσῳ καὶ Λυδοῖσι προμαντηίην καὶ ἀτελείην καὶ
προεδρίην καὶ ἐξεῖναι τῷ βουλομένῳ αὐτῶν γενέσθαι Δελφὸν ἐς
τὸν αἰεὶ χρόνον. In den letzten Worten verfällt Herodot ganz
in den Urkundenstil, woraus zu folgern ist, dass er sie von der
bezüglichen Urkunde selbst abgelesen hat. (Man kann hier
übrigens wohl beobachten, dass in Delphi die genannten Vorrechte nicht von den Tempelbehörden, sondern von der gesammten Bürgerschaft verliehen wurden.) Ob Krösus die
Schenkung an die Bürger, durch die er sich die Vorrechte
erkaufte, auch erst beim Beginn des Krieges oder schon in
früheren Regierungsjahren gemacht hat, muss dahingestellt
bleiben. Herodot ist mit seiner Ansetzung hier wenigstens nicht
massgebend: denn da er unter den Geschenken, die Krösus damals nach Delphi geschickt haben soll, auch die goldene Bildsäule der Bäckerin nennt, welche ihm vor seiner Thronbesteigung
das Leben gerettet hatte, so ist ersichtlich, dass er bei seiner
Aufzählung Geschenke, die zu ganz verschiedenen Zeiten und
aus ganz verschiedenem Anlasse gemacht worden sind, ohne
Weiteres mit einander zusammenwirft.

Bei der Ueberreichung der Geschenke liess Krösus das
Orakel fragen, ob er einen Kriegszug gegen die Perser wagen
dürfe, und ob er sich im Falle des Krieges noch einen Bundesgenossen besorgen solle. An der Wirklichkeit der ersten Frage
ist nicht zu zweifeln, aber die zweite Frage kennzeichnet sich
schon von selbst als erfunden, da es doch auch ohne Spruch
der Pythia selbstverständlich ist, dass man im Kriege einen
Bundesgenossen, wenn man ihn bekommen kann, gern annimmt.
Ausserdem war Krösus auch schon früher, unabhängig von der
angeblichen Antwort des Orakels, mit Labynet und Amasis auf
eigene Hand in ein Bündniss getreten. Auf die erste Frage
muss die Pythia, nach dem apologetischen Charakter der delphischen Geschichten zu schliessen, wohl ermuthigend geantwortet haben, und in der That kann man ihr das auch nicht
verdenken, da man von der Bedeutung der aufkommenden persischen Macht doch schwerlich schon überall eine richtige Vorstellung gehabt haben wird. Herodot lässt die Pythia zwei-
deutig antworten, dass Krösus, wenn er den Halys überschreite,
ein grosses Reich zerstören werde. Aristoteles giebt die Antwort sogar wörtlich an und lässt die Pythia im Hexameter sagen:
Κροῖσος Ἅλυν διαβὰς μεγάλην ἀρχὴν καταλύσει (vgl. Rhet. III, 5),
aber auch Aristoteles beruht, wie die Mittheilung des Verses
beweist, in letzter Instanz auf delphischer Information und kann
mithin wohl zur Ergänzung, nicht aber zur Stütze des herodotischen Berichtes herangezogen werden. Am natürlichsten ist
es, den Vers bei Aristoteles mit den beiden bei Herodot I, 47
und 55 mitgetheilten Orakelversen auf eine Stufe zu stellen und
für reine delphische Erfindung zu erklären. Zwar lässt es sich
bei ihm nicht mit eben solcher Bestimmtheit, wie bei den herodotischen Versen, erkennen, dass er erst post eventum gemacht
ist, indess muss wenigstens hervorgehoben werden, dass der
Spruch als wirklich gefasst immerhin schon eine sehr gewagte
Prophezeiung enthalten hätte, da doch die allerwenigsten Kriege
in dem völligen Untergange eines der beiden kämpfenden Reiche
ihr Ende finden. — Nachdem Krösus auf seine beiden ersten
Fragen von dem Orakel eine ihn sehr befriedigende Antwort
erhalten hatte, schickte er eine neue Gesandtschaft nach Delphi
und liess fragen, ob seine Herrschaft von langer Dauer sein
werde, worauf er den Bescheid erhielt, dass er nicht eher nöthig

habe, besorgt zu sein, als bis die Meder unter die Herrschaft eines Maulesels gekommen wären. — Krösus hatte im Ganzen drei Fragen an die Orakel gerichtet und darauf drei Antworten erhalten; er deutet sich die Antworten falsch, macht in Folge dessen Missgriffe und wird erst nach der Katastrophe über seinen Irrthum aufgeklärt. Bei der ersten und dritten Frage ist das Missverständniss ganz klar, denn in dem einen Falle glaubt Krösus, dass er nicht sein eigenes Reich zerstören werde, sondern das Reich der Perser, und in dem anderen Falle übersieht er, dass gerade Cyrus es ist, der wegen seiner Abstammung von einer vornehmen Mederin und einem niedrigen Perser als Maulesel bezeichnet wird. Die Symmetrie der Erzählung erfordert es, wie Gutschmid einmal in seinen Vorlesungen bemerkt hat, dass Krösus auch nach der Antwort auf die zweite Frage einen Missgriff gemacht hat, indem er unter den mächtigsten von allen Hellenen die Lacedämonier verstand, während es in Wirklichkeit die Athener waren. Giebt man diese Ergänzung als richtig zu, so kann man sich natürlich auch der weiteren Folgerung Gutschmid's nicht entziehen, dass die delphische Tradition erst zu der Zeit ihre herodotische Gestalt erhalten hat, als das Orakel schon unter athenischem Einfluss stand.

Eine Angabe über die Zeit der Gesandtschaft des Krösus nach Delphi findet sich in der parischen Marmorchronik. Hier wird das Jahr 556 angegeben, und dieses Datum ist auch von Neueren mehrfach acceptirt, so z. B. von Stein zu Herodot I, 53. Zunächst ist gegen dasselbe einzuwenden, dass es zu den sonstigen Annahmen über die Zeit des Krieges zwischen Krösus und Cyrus sehr schlecht passt, und ausserdem lässt sich wohl auch zeigen, dass der Urheber dieser Datirung von vorn herein schon gar nicht den Anspruch auf Glaubwürdigkeit gemacht hat. Der Verfasser der Marmorchronik setzt nämlich den Regierungsantritt des Alyattes in das Jahr Ol. 43, 4 = 605 v. Chr., dem Alyattes gab er jedenfalls in Uebereinstimmung mit den Chronographen 49 Regierungsjahre, und dann war, wie schon Boeckh C. J. Gr. II, 317 bemerkt hat, das Jahr 556 für ihn gerade das erste Jahr des Krösus. Setzte er nun die Sendung des Krösus nach Delphi in sein erstes Regierungsjahr, so that er es offenbar nur deswegen, weil er sie näher zu datiren nicht im Stande war, da es bei den Chronographen ja überhaupt gebräuchlich ist, alle undatirbaren Ereignisse aus der Zeit eines Königs dem ersten Regierungsjahre desselben gleich beizuschreiben. Unter solchen Umständen ergiebt es sich also, dass die Angabe in der Marmorchronik auch nicht die geringste Gewähr bietet, sondern vielmehr nur beweist, dass schon den Alten die Beibringung eines bestimmten Datums für die delphische Gesandtschaft als unmöglich erschien.

Als Krösus in den Vorbereitungen zu dem Kriege begriffen war, kam zu ihm, wie Herodot I, 71 erzählt, ein in Lydien schon längst als weise bekannter Mann, Namens Sandanis, der noch einen letzten Versuch machte, ihn von seinem Vorhaben abzubringen, indem er ihm vorstellte, dass er im Falle eines Sieges von den Persern nichts gewinnen könne, da sie selbst nichts hätten, im Falle einer Niederlage aber Alles verlieren würde, da die Perser, wenn sie alle die Annehmlichkeiten, in deren Besitz die Lyder sind, erst einmal gekostet hätten, im Genusse derselben auch sicherlich kein Mass halten würden. Dass Sandanis dem Krösus in Wirklichkeit so naive Vorstellungen gemacht hätte, ist kaum zu glauben, aber wahr wird wenigstens sein, dass er zu Denjenigen gehörte, welche mit dem Kriege unzufrieden waren, und vielleicht auch, dass er in irgend einer anderen Weise bei Krösus seine Ansicht zur Geltung zu bringen versucht hat. Für die Quelle der herodotischen Darstellung von dem Gespräche halte ich die lydischen Berichterstatter. Zunächst spricht dafür die Beibringung des Namens Sandanis, und ausserdem wird es sich auch bei der weiteren Verfolgung unseres Berichtes herausstellen, dass die c. 87 mit λέγεται ὑπὸ Λυδῶν eingeführten Angaben in den Zusammenhang desselben hineingehören. Vor der Hand will ich nur darauf aufmerksam machen, dass unsere Erzählung in dieselbe Quelle hineingehört, wie das 207. und das 27. Capitel. Im 207. Capitel spricht Krösus zu Cyrus vor dem Kampfe gegen die Massageten, hebt dabei zuerst hervor, dass für ihn die παθήματα zu μαθήματα geworden sind, und fährt dann wörtlich fort: „Wenn du besiegt wirst, so verlierst du noch obendrein dein ganzes Reich; denn es ist klar, dass die Massageten, falls sie siegen, sich nicht rückwärts zur Flucht wenden, sondern in deine Länder vordringen werden, wenn du aber siegst, so ist der Sieg nicht so gross, als wenn du in ihr eigenes Land übersetzen möchtest u. s. w.

Bald darauf sagt Krösus noch, dass die Massageten, wie er gehört hätte, noch nichts von persischem Wohlleben wüssten und
grosse Annehmlichkeiten noch nicht gekostet hätten, und ent-
wickelt dann auf Grund dieser Bemerkung einen Kriegsplan,
der mit seinen primitiven Vorstellungen die Rede des Sandanis
noch übertrifft. Die Verwandtschaft des 71. Capitels mit dem
27. Capitel, in welchem Pittakus resp. Bias den Krösus von
dem Kriege gegen die Inseln abzubringen sucht, folgere ich
namentlich aus der Aehnlichkeit der in beiden Capiteln ge-
schilderten Situation. In beiden Fällen ist Krösus im Begriffe,
sein Volk durch masslose Eroberungssucht in's Unglück zu stürzen
und steht einem Ermahner gegenüber, der ihm sein Beginnen
als unklug darzustellen sucht und ihm dabei Vorstellungen macht,
denen, so primitiv sie auch sind, dennoch eine gewisse Schlauheit
nicht abzusprechen ist. Zu beachten ist auch das Wiederkehren
von einzelnen rhetorischen dem Herodot sonst nicht gerade geläufigen Wendungen: nämlich mit c. 71 ἐγὼ μέν νιν θεοῖσι ἔχω
χάριν, οἳ οὐκ ἐπὶ νόον ποιέουσι Πέρσῃσι στρατεύεσθαι ἐπὶ
Λυδούς ist zu vergleichen c. 27 αἲ γὰρ τοῦτο θεοὶ ποιήσειαν ἐπὶ
νόον νησιώτῃσι ἐλθεῖν ἐπὶ Λυδῶν παῖδας σὺν ἵπποισι, und ferner
mit c. 71 μάθε ὅσα ἀγαθὰ ἀποβαλέεις der Imperativ μάθε
im 207. Capitel ἐκεῖνο πρῶτον μάθε, ὡς κύκλος τῶν ἀνθρωπηίων
ἐστὶ πρηγμάτων. Dass dergleichen in die Ohren fallende Wendungen dem Herodot im Gedächtniss haften blieben und auf
seinen Stil Einfluss übten, lässt sich sehr wohl denken.

Ueber die Gründe, durch welche Krösus zum Kriege bestimmt wurde, spricht Herodot sich I, 73 mit folgenden Worten
aus: ἐστρατεύετο δὲ ὁ Κροῖσος ἐπὶ τὴν Καππαδοκίην τῶνδε εἵνεκα,
καὶ γῆς ἱμέρῳ προσκτήσασθαι πρὸς τὴν ἑωυτοῦ μοῖραν βουλόμενος,
καὶ μάλιστα τῷ χρηστηρίῳ πίσυνος ἐὼν καὶ τίσασθαι θέλων ὑπὲρ
Ἀστυάγεος Κῦρον. Herodot hat hier zu dem Kriege, ähnlich
wie c. 86 zu der Verbrennung des Krösus, drei verschiedene
Gründe angegeben, und zwar hat er diese Gründe seinen drei
verschiedenen Quellen entlehnt und sie, um keinen zu übergehen,
alle drei sorgfältig neben einander gestellt. Der erste Grund
gehört in die lydische Quelle, da das Hervorkehren der Eroberungssucht des Krösus zu den c. 27 und 71 gegebenen Berichten über die Gespräche des Krösus mit Pittakus und mit
Sandanis sehr gut passt, der zweite Grund ist offenbar der

delphischen Quelle entlehnt, und der dritte Grund ist Eigenthum der schriftlichen Quelle, nach der Herodot, wie wir S. 52
gesehen haben, c. 74 von dem mit der Heirath des Astyages
und der Aryenis endenden lydisch-medischen Kriege erzählt hat.
Allen drei Quellen gemeinsam ist die Voraussetzung, dass Krösus
in dem Kriege der Angreifer gewesen ist, und dieses ist daher
auch ohne Zweifel historisch. Jedenfalls hat Krösus den Angriff unternommen, um dem Anwachsen der persischen Macht
Einhalt zu thun, wie dies Herodot c. 46 einmal gelegentlich
bemerkt.

Zu Bundesgenossen hatte Krösus in dem Kriege zunächst
die Lacedämonier. Das Bündniss mit ihnen ist sowohl durch
den delphischen Bericht, als auch durch die eigenen Angaben
der Spartaner bezeugt. Herodot hat c. 69 u. 70 beide Berichte
mit einander vereinigt und in Folge dessen die Annahme des
Bündnisses seitens der Spartaner übervollständig motivirt. In
den Zusammenhang der delphischen Erzählung gehört, dass die
Lacedämonier sich geschmeichelt fühlten, weil Krösus sie für
die mächtigsten von allen Griechen hielt, und dem lacedämonischen
Berichte zuzuweisen ist die Version, dass die Lacedämonier dem
Krösus Verbindlichkeiten schuldig waren, weil er ihnen einmal
Gold, das sie zu einer Statue des Apollo kaufen wollten, umsonst
überlassen hatte. Den wahren Grund, durch den die Spartaner
sich zu dem Bündnisse bestimmen liessen, sieht B. Niese, wie
es scheint, in der Besorgniss, die das rapide Anwachsen der
Perser schon damals bei den Spartanern hervorrief; vgl. Kritische
Bemerkungen über die ältere griechische Geschichte und ihre
Ueberlieferung, in Sybel's Hist. Zeitschr. Bd. 43, S. 406. „Die
Spartaner betrauerten den Fall des Krösus als ein grosses Unglück,
wie Herodot sagt (I, 83), und mit Recht; denn das Reich, das
bisher schützend zwischen ihnen und den Persern lag, war
gefallen. Die Perser, dieses junge, energische und aggressive
Volk, bedrohten nunmehr auch sie, und es versteht sich von
selbst, dass die Aufmerksamkeit Spartas auf sie gerichtet sein
und die Rücksicht auf Persien ihre auswärtige Politik beherrschen
musste. Daher war, so lange Aegypten noch bestand, Sparta
mit diesem verbündet. Wir wissen ferner, dass zu gleicher Zeit, als
Kambyses gegen Aegypten zog, Sparta den Feldzug gegen Polykrates unternahm, und dass es in der That gelang, das samische

Contingent den Persern zu entziehen. Die Vermuthung ist daher nicht gewagt, dass diese beiden Ereignisse, der Feldzug gegen Samos und der Krieg gegen Aegypten, mit einander in Verbindung stehen und dass die Lacedämonier in Polykrates den Vasallen oder Verbündeten des Kambyses bekämpften."

Wenn man schon in Griechenland bei dem Fall des Krösus an bevorstehende Perserkriege dachte, so war in Asien selbst die Besorgniss vor Cyrus natürlich noch viel grösser. Hier stellten sich Labynet von Babylonien, Amasis von Aegypten und Krösus von Lydien an die Spitze einer Coalition, die es sich zur Aufgabe machte, den Cyrus von allen Seiten zugleich anzugreifen, um ihn, so lange es noch Zeit wäre, sicher zu stürzen. Sie verwickelten auf diese Weise die Perser in einen schweren Krieg, der erst mit der Eroberung von Babylon, oder noch richtiger, mit der Schlacht von Pelusium sein Ende erreichte. Die Lage, in der Cyrus sich während des Coalitionskrieges befand, erinnert einigermassen an die Lage Friedrich's des Grossen zur Zeit des siebenjährigen Krieges: denn beide Könige hatten ihren kräftig emporwachsenden Staat auf allen Seiten gegen Nachbarn, die sich zu ihrem Sturze verbündet hatten, zu vertheidigen, und erlangten dabei einen so vollständigen Erfolg, dass sie gerade durch den ihnen aufgezwungenen Krieg ihre Staaten zu Grossmächten erhoben.

Ueber die Entstehung der Coalition bringt Xenophon einige Angaben in der Cyropädie I, 5. Er sagt hier, dass der König der Assyrier, womit er den Labynet meint, die Perser, die er für das stärkste Volk hielt, schwächen wollte, und führt dann § 3 folgendermassen fort: οὕτω δὴ διαπέμπει πρός τε τοὺς ὑπ' αὐτὸν πάντας καὶ πρὸς Κροῖσον τὸν Λυδῶν βασιλέα καὶ πρὸς τὸν Καππαδοκῶν καὶ πρὸς Φρύγας ἀμφοτέρους καὶ πρὸς Παφλαγόνας καὶ Ἰνδοὺς καὶ πρὸς Κᾶρας καὶ Κίλικας, τὰ μὲν καὶ διαβάλλων τοὺς Μήδους καὶ Πέρσας, λέγων ὡς μεγάλα τ' εἴη ταῦτα ἔθνη καὶ ἰσχυρὰ καὶ συνεστηκότα εἰς ταὐτό, καὶ ἐπιγαμίας ἀλλήλοις πεποιημένοι εἶεν, καὶ κινδυνεύσοιεν, εἰ μή τις αὐτοὺς φθάσας ἀσθενώσαι, ἐπὶ ἓν ἕκαστον τῶν ἐθνῶν ἰόντες καταστρέψασθαι. οἱ μὲν δὴ καὶ τοῖς λόγοις τούτοις πειθόμενοι συμμαχίαν αὐτῷ ἐποιοῦντο, οἱ δὲ καὶ δώροις καὶ χρήμασιν ἀναπειθόμενοι· πολλὰ γὰρ καὶ τοιαῦτα ἦν αὐτῷ. Wir sehen hier also, dass der Gedanke, die Coalition zu gründen, nicht von Krösus ausgegangen ist, sondern von dem durch die Perser noch weit mehr bedrohten Labynet. Wenn Herodot den Krösus als den Urheber des ganzen Krieges erscheinen lässt, so liegt das daran, dass man zu seiner Zeit in Delphi von den anderen Feinden des Cyrus schon gar nichts mehr gewusst hat. Recht bezeichnend dafür ist, dass Herodot c. 77, wo er der schriftlichen Quelle folgt, sich zu Nachträgen aus einem früheren Abschnitte derselben genöthigt sieht; er sagt hier: *Κροῖσος* .... *ἀπήλαυνε ἐς τὰς Σάρδις, ἐν νόῳ ἔχων παρακαλέσας μὲν Αἰγυπτίους κατὰ τὸ ὅρκιον (ἐποιήσατο γὰρ καὶ πρὸς Ἄμασιν βασιλεύοντα Αἰγύπτου συμμαχίην πρότερον ἤπερ πρὸς Λακεδαιμονίοις), μεταπεμψάμενος δὲ καὶ Βαβυλωνίους (καὶ γὰρ πρὸς τούτους αὐτῷ ἐπεποίητο συμμαχίη, ἐτυράννευε δὲ τὸν χρόνον τοῦτον τῶν Βαβυλωνίων Λαβύνητος) ἐπαγγείλας δὲ καὶ Λακεδαιμονίοισι παρεῖναι ἐς χρόνον ῥητόν* u. s. w. Noch deutlicher beweisend als diese Stelle ist der Umstand, dass die Delpher den Krösus das Orakel fragen lassen, ob er sich einen Bundesgenossen zu dem Kriege wählen solle, während das Bündniss mit den anderen Mächten nach der ausdrücklichen Angabe Herodot's schon früher abgeschlossen war, als das mit den Lacedämoniern.

Ueber die Stärke der von Krösus aufgestellten Macht bringt Xenophon eine Notiz in der Cyropädie II, 1, 5. Er zählt hier die Streitkräfte der einzelnen verbündeten Völker auf und giebt dabei dem Krösus 10,000 Reiter und mehr als 40,000 Peltasten und Bogenschützen. Unter den Truppen des Krösus befanden sich aller Wahrscheinlichkeit nach auch viele Griechen. Das lässt sich nämlich aus Diodor IX, 32 folgern, wo erzählt wird, Krösus hätte unter dem Schein, als ob er nach Delphi schicken wollte, den Eurybatos von Ephesus mit vielem Golde nach dem Peloponnes geschickt, um dort möglichst viele griechische Söldner anzuwerben. Eurybatos wäre aber mit dem Golde nach Persien entflohen und hätte dem Cyrus von dem Vorhaben des Krösus Anzeige gemacht.

Krösus begann seinen Angriff gegen Cyrus, indem er nach dem Halys vorrückte und denselben bei Pteria überschritt. Ueber die Lage von Pteria hat Herodot I, 76 eine Angabe gemacht, die wohl nicht von ihm selbst herrührt, sondern am natürlichsten der Quelle zuzuweisen ist, die Pteria als Ort des Ueberganges bezeichnet hatte. Hier ist es, wie der Verlauf der

Erzählung beweist, die schriftliche Quelle, die übrigens auch
sonst genaue geographische Angaben sehr liebt. Die Worte,
mit denen Herodot die Lage von Pteria bezeichnet, sind folgende:
ἡ δὲ Πτερίη ἐστὶ τῆς χώρης ταύτης τὸ ἰσχυρότατον, κατὰ Σινώπην
πόλιν τὴν ἐν Εὐξείνῳ πόντῳ μάλιστά κῃ κειμένη. Die Frage ist
hier, wie man κατὰ Σινώπην zu erklären hat, ob „in der Nähe
von Sinope", wie z. B. Stein es thut, oder „in der Richtung,
in dem Meridian von Sinope". In dem ersten Falle hätte Krösus
den Halys an der Mündung überschritten und in dem zweiten
an einer anderen, weit von derselben entfernt liegenden Ueber-
gangsstelle bei dem heutigen Orte Boghaz-keui. Meiner Ansicht
nach kann man sich nur für die zweite Erklärung entscheiden.
Denn erstens hätte Krösus, wie ein Blick auf die Karte zeigt,
einen zu unsinnigen Weg eingeschlagen, wenn er den Halys statt
bei Boghaz-keui lieber an der Mündung überschritten hätte,
zweitens würde er an der Mündung schwerlich die festeste Stelle
des ganzen Landes gefunden haben, während bei Boghaz-keui
noch die Reste einer alten festen Stadt zu finden sind, vgl.
Ramsay: On the Early Historical Relations between Phrygia
and Cappadocia in der Zeitschrift The Journal of the royal
asiatic society S. 103 ff. (u. Anm. 1), und drittens würde
Herodot, wenn κατά „in der Nähe" bedeuten sollte, wohl kaum
noch ein μάλιστά κῃ zu κειμένη hinzugefügt haben, da dasselbe
dann doch mindestens sehr überflüssig wäre Ganz am Platze
ist aber die Beschränkung durch μάλιστά κῃ bei der bestimmten
Angabe einer Richtung, und so gebraucht es Herodot z. B. II,
34, wo er ebenfalls den Meridian von Sinope verfolgt; er sagt
hier: ἐκδιδοῖ δὲ [ὁ Νεῖλος] ἐς Αἴγυπτον· ἡ δὲ Αἴγυπτος τῆς
ὀρεινῆς Κιλικίης μάλιστά κῃ ἀντίη κέεται· ἐνθεῦτεν δὲ ἐς Σινώπην τὴν ἐν τῷ Εὐξείνῳ πόντῳ πέντε ἡμερέων ἰθέα ὁδὸς εὐζώνῳ
ἀνδρί· ἡ δὲ Σινώπη τῷ Ἴστρῳ ἐκδιδόντι ἐς θάλασσαν ἀντίον
κέεται.

Bei dem Uebergange über den Halys soll Thales dem Krösus
gute Dienste geleistet haben, indem er den Fluss von der Front
des Heeres in dessen Rücken leitete. Die Geschichte ist natürlich
eine blosse Fabel und ist auch schon dem Herodot als nichts
Anderes erschienen, obwohl sie zu seiner Zeit recht verbreitet
war und ihm von verschiedenen Seiten überliefert worden ist.
Zunächst stand sie in der schriftlichen Quelle; denn dass sie in

den Zusammenhang derselben nicht erst von Herodot eingefügt ist, beweist der Umstand, dass Thales auch noch in den auf ihr beruhenden Capiteln I. 74 und I. 170 berücksichtigt wird, und dazu noch in dem ersten der beiden Capitel in ganz ähnlicher Weise wie in der in Rede stehenden Erzählung als halber Wunderthäter erscheint, indem er die Sonnenfinsterniss des Jahres 585 den Joniern prophezeit. Da Herodot sich für die Ueberschreitung des Halys durch Krösus lebhaft interessirte, so nahm er Gelegenheit, auch mit Anderen, die davon wussten, über die Möglichkeit des Flussumleitens zu sprechen, und dabei bekam er dann neben vielen Bestätigungen (daher ὡς ὁ πολλὸς λόγος Ἑλλήνων) auch einmal die mit οἱ δὲ λέγουσι eingeführte Variante zu hören, gegen deren Richtigkeit er aber sehr entschieden protestirt.

Nachdem Krösus den Halys überschritten hatte, lagerte er vor Pteria und verheerte daselbst die Felder. Bald gelang es ihm auch, die Stadt Pteria zu erobern, worauf er die Einwohner derselben zu Sklaven machte. Nach der Einnahme der Hauptstadt eroberte er auch alle Ortschaften in der Nachbarschaft derselben, und überall, wo er neue Eroberungen gemacht hatte, liess er gleich zur Sicherung derselben die Einwohner nach orientalischem Gebrauche aus dem Lande schleppen.

Als Krösus in Kappadocien seine Eroberungen machte, war Cyrus mit seinen Truppen noch nicht zur Stelle. Wahrscheinlich lag er damals gerade im Kampfe mit den Babyloniern; wenigstens führt darauf Justin I, 7 cum (Cyrus) adversus Babylonios bellum gereret Babyloniis rex Lydorum Croesus ..... in auxilium venit. Cyrus bemühte sich nun, vor der Hand dem weiteren Vordringen des Krösus Einhalt zu thun, indem er den Versuch machte, ihm Feinde in seinem Rücken zu erregen. Er schickte nämlich eine Gesandtschaft an die Jonier und suchte sie zum Abfall von Krösus zu verleiten. Allein der Versuch blieb ganz erfolglos, denn die Jonier waren angesichts der Erfolge des Krösus in Kappadocien zu einer Betheiligung an dem für sie so gefährlichen Kriege durchaus nicht zu bestimmen. Der Verfasser der schriftlichen Quelle ist mit dem Verhalten der Jonier gar nicht recht einverstanden: er vergleicht sie c. 141 in einer dem Cyrus in den Mund gelegten Fabel mit Fischen, die ein Flötenspieler anfangs durch sein Spiel zu sich heran zu locken suchte, dann aber, als sie nicht freiwillig kamen, gewaltsam mit dem Netze aus dem Wasser herausziehen musste. Nach der Ansicht des Verfassers der schriftlichen Quelle hätten die Jonier also wohl die Gelegenheit wahrnehmen müssen, um sich von dem Joche des Krösus zu befreien. Krösus ist für ihn überhaupt der ärgste Unterdrücker der griechischen Freiheit (vgl. c. 6,) und daher hat er es auch an gehässigen Bemerkungen über ihn nicht fehlen lassen. Herodot giebt eine solche wieder, wo er von dem Deportiren der Kappadocier spricht; er sagt Συρίοις τε οὐδὲν ἐόντας αἰτίους ἀναστάτοις ἐποίησε.

Die Fortschritte, die Krösus in Kappadocien machte, hatten zur Folge, dass die Armenier in Besorgniss geriethen und in ihrem Bündnisse mit Cyrus sehr lau wurden, denn wie Xenophon Cyrop. II. 4, 12 angiebt, haben sie, da sie von der Annäherung der Feinde hörten, weder ihr Heerescontingent geschickt, noch ihren schuldigen Tribut an Cyrus entrichtet.

Nachdem Cyrus in Babylonien einigermassen freie Hand bekommen hatte, richtete er seinen Marsch sofort gegen Krösus. Nach Diod. IX, 31, 4 hat er ihn zuerst durch Herolde auffordern lassen, sich zu ergeben und Lydien als Satrap weiter zu verwalten, worauf Krösus ihm geantwortet haben soll, dass er an Unabhängigkeit gewöhnt sei, während bisher die Perser nur immer in Diensten der Meder gestanden hätten. In der ersten Schlacht zwischen Beiden soll Krösus nach Polyän. VII, 8 in Folge einer Kriegslist vollständig gesiegt und den Cyrus zur Annahme eines dreimonatlichen Waffenstillstandes genöthigt haben; dann soll sich aber wieder das Glück gewandt haben, da Krösus, während er noch in Kappadocien stand, entscheidend geschlagen und in wilde Flucht getrieben wurde, bei der er nur mit Hilfe einer neuen Kriegslist sein Heer vor dem gänzlichen Untergange zu retten vermochte. Die Angaben Polyän's würden trotz des anekdotenhaften Eindruckes, den sie im Einzelnen machen, dennoch ganz werthvoll sein, wenn man sich darauf verlassen könnte, dass die zweite, nach dem angeblichen Waffenstillstande geschlagene Schlacht auch wirklich noch in Kappadocien stattgefunden hat (Polyän sagt: Κροῖσος ἡττηθεὶς περὶ Καππαδοκίαν ὑπὸ Κύρου), und nicht mit der erst später in der Nähe von Sardes geschlagenen Schlacht verwechselt ist. Wir hätten dann wenigstens ein directes Zeugniss für die schon an und für sich kaum zu bezweifelnde Thatsache, dass Krösus

Kappadocien nur in Folge einer Niederlage verlassen hat. Ausser Polyän erwähnt die Niederlage des Krösus nur noch Justin, der I, 7, 3 in unmittelbarem Anschluss an die oben citirten Worte sagt: victusque iam desolatus in regnum refugit. Bei Herodot ist der wirkliche Sachverhalt offenbar sehr entstellt; hier kämpft Krösus gegen Cyrus in dem Gebiete von Pteria in einer sehr blutigen Schlacht, wird zwar nicht besiegt, da der Ausgang der Schlacht unentschieden bleibt, eilt aber trotzdem nach Hause zurück, weil er zu der Ueberzeugung gekommen ist, dass er zu wenig Truppen hat. In diesem Berichte sind die Lyder von dem Vorwurfe der Niederlage entlastet, da sie nicht besiegt sind, sondern sich nur rückwärts concentrirt haben, Krösus selbst aber wird als über alle Massen thöricht dargestellt, denn erstens zieht er mit ganz unzureichenden Truppen aus, obwohl er ein grosses Truppenaufgebot zu machen im Stande ist, und zweitens verlässt er ohne Nöthigung Kappadocien und überlegt dabei nicht, dass er sein eigenes Land den Angriffen des Cyrus damit blossstellt. Dass Krösus in Wirklichkeit so kurzsichtig gewesen wäre, ist gar nicht denkbar, und wir haben vielmehr anzunehmen, dass er Kappadocien nur deshalb verlassen hat, weil er durch eine entschiedene Niederlage dazu gezwungen war. Das Vertuschen dieser Niederlage geht sicherlich auf die Lyder selbst zurück, und daher werden hier auch die lydischen Gewährsmänner als Quelle des Herodot zu betrachten sein. Als Grundlage hat dem Herodot bei der Darstellung des Krieges allerdings die schriftliche Quelle gedient, aber er hat sie, wie wir bald deutlicher sehen werden, öfters nach dem lydischen Berichte vervollständigt und corrigirt.

Cyrus kehrte von Kappadocien, nachdem er dort den Krösus unschädlich gemacht hatte, zunächst nach Babylonien zurück. Dieses ergiebt sich wieder aus Justin, der nach Erwähnung der Flucht des Krösus unmittelbar nach den oben citirten Worten sagt: Cyrus quoque compositis in Babylonia rebus bellum transfert in Lydiam. Jedenfalls hielt Cyrus es für nöthig, sich erst den Rücken zu decken, ehe er sich nach dem äussersten Westen zu dem Entscheidungskampfe begab. In Babylonien dürfte er nach dem Siege über Krösus wohl nicht mehr auf allzugrosse Schwierigkeiten gestossen sein. Wir sehen sogar, dass jetzt ein so angesehener Statthalter, wie Gobryas, der später Schwiegervater des Hystaspes wurde, freiwillig zu ihm überging (vgl. Xen. Cyrop. IV, 6 und V, 2). Auf die zeitraubende Eroberung von Babylon wollte Cyrus vor der Hand noch verzichten, um dem Krösus zu seinen neuen Rüstungen nicht zu lange Zeit zu lassen. Nachdem er also die Verhältnisse in Babylon, so weit es ihm dringend nothwendig zu sein schien, geordnet hatte, kehrte er nach wenigen Monaten zum Kampfe mit Krösus zurück.

Krösus hatte inzwischen Vorbereitungen getroffen, um mit den Verbündeten zusammen beim Beginn des nächsten Frühjahres ein neues, möglichst zahlreiches Heer in's Feld zu stellen. Ueber den Umfang seiner Rüstungen giebt Xenophon Cyrop. VI, 2, 9 ff. nähere Auskunft. jedoch scheint hier auch wieder manche Erfindung mit untergelaufen zu sein. Richtig ist ohne Zweifel, dass sich auch ägyptische Truppen im Heere des Krösus befanden, denn Xenophon giebt VII, 1, 41 an, dass die Aegypter nach der Schlacht zu Cyrus übergingen, und fährt dann § 45 folgendermassen fort: καὶ οἱ Αἰγύπτιοί τε οἱ καταμείναντες τότε ἔτι καὶ νῦν βασιλεῖ πιστοὶ διαμένουσι, Κῦρός τε πόλεις αὐτοῖς ἔδωκε, τὰς μὲν ἄνω, αἳ ἔτι καὶ νῦν πόλεις Αἰγυπτίων καλοῦνται. Λάρισαν δὲ καὶ Κυλλήνην παρὰ Κύμην πλησίον θαλάττης, ἃς ἔτι καὶ νῦν οἱ ἀπ᾽ ἐκείνων ἔχουσι. Herodot hat keine Ahnung davon, dass auch Aegypter dem Krösus in dem letzten Entscheidungskampfe zur Seite standen: nach seiner Darstellung wird vielmehr Krösus durch den Entschluss des Cyrus, in Lydien einzudringen, vollständig überrascht und sieht sich genöthigt, o h n e alle Bundesgenossen den Kampf mit seinen Lydern allein zu bestehen.

Ueber den Ort, an welchem der Entscheidungskampf stattfand, liegen uns im Ganzen drei Angaben vor. Bei Xenophon erfährt Cyrus vor der Schlacht durch Kundschafter, dass Krösus sein Heer am Flusse Paktolos zusammenziehe und dann nach Thymbrara vorzugehen beabsichtige (vgl. VI, 2, 11); am Abend nach der Schlacht, nachdem die Aegypter übergetreten sind, ist Cyrus selbst im Besitze von Thymbrara und schlägt daselbst sein Lager auf (vgl. VII, 1, 45). Herodot bringt über den Ort der Schlacht an zwei Stellen Angaben, nämlich c. 55 nach der delphischen und c. 80 nach der schriftlichen Quelle. Die delphische Quelle setzt voraus, dass Krösus den Hermos entlang geflohen ist, und also die Entscheidungsschlacht wohl in der Nähe des

Hermos stattgefunden hat. Nachdem nämlich Krösus das Orakel gefragt hat, ob seine Herrschaft noch von langer Dauer sein werde, antwortet dasselbe mit folgenden Worten:

ἀλλ' ὅταν ἡμίονος βασιλεὺς Μήδοισι γένηται,!
καὶ τότε, Λυδὲ ποδαβρέ, πολυψήφιδα παρ' Ἕρμον.
φεύγειν μηδὲ μένειν μηδ' αἰδεῖσθαι κακὸς εἶναι.

In der schriftlichen Quelle hat Herodot das Schlachtfeld in die grosse östlich von Sardes befindliche Ebene gelegt gefunden; er sagt c. 80: ἐς τὸ πεδίον δὲ συνελθόντων τοῦτο τὸ πρὸ τοῦ ἄστεός ἐστι τοῦ Σαρδιηνοῦ, ἐὸν μέγα τε καὶ ψιλόν (διὰ δὲ αὐτοῦ ποταμοὶ ῥέοντες καὶ ἄλλοι καὶ Ὕλλος συρρηγνῦσι ἐς τὸν μέγιστον, καλεόμενον δὲ Ἕρμον, ὃς ἐξ ὄρεος ἱροῦ μητρὸς Δινδυμήνης ῥέων ἐκδιδοῖ ἐς θάλασσαν κατὰ Φωκαίην πόλιν), ἐνθαῦτα ὁ Κῦρος ὡς εἶδε τοὺς Λυδοὺς ἐς μάχην τασσομένοις u. s. w. Wenn bei der Beschreibung des Schlachtfeldes von den Flüssen, welche dasselbe durchströmen, gerade der Hyllos herausgehoben wird. so scheint es fast, als ob dieser Fluss in der ausführlicheren Schlachtbeschreibung der schriftlichen Quelle einige Bedeutung gehabt hat. Stein meint zwar, dass der Hyllos wegen Ilias Y 392 Ὕλλῃ ἐπ' ἰχθυόεντι καὶ Ἕρμῳ δινήεντι besonders genannt würde; indessen hat Stein bei seinen Versuchen Homer-Reminiscenzen bei Herodot aufzuspüren immer nur sehr wenig Glück. Die Frage, welche von den drei Angaben über die Stelle der Schlacht am massgebendsten sei, lässt sich ohne Willkür kaum beantworten. Am gerathensten scheint es mir, anzunehmen, dass Cyrus sich an mehreren Stellen den Weg nach Sardes zu erkämpfen gehabt hat. Er hat, wie ich vermuthe, sich zuerst den Uebergang über den Hyllos erzwungen, dann den Hermos überschritten, was selbstverständlich ebenfalls nicht ohne Kampf geschehen konnte, und schliesslich noch die Truppen der Aegypter und der anderen verbündeten Völker bis an den Paktolos zurückgetrieben, um Sardes ungehindert von allen Seiten einschliessen zu können.

Ueber den Verlauf der Entscheidungsschlacht giebt Xenophon Cyrop. VII, 1 einen recht ausführlichen Bericht. Allem Anschein nach hat er dazu eine ganz gute Quelle gehabt, er hat dieselbe aber mit solcher Freiheit benutzt und so sehr mit erfundenen, zur Belehrung dienenden Beispielen versetzt, dass er schliesslich von dem Gange der Schlacht ein Bild entwirft, welches der

Wirklichkeit wohl nur in geringem Masse entsprechen wird. Nach Xenophon's Darstellung macht Krösus den Versuch, die Perser zu überflügeln, wird dabei von Cyrus, der den Versuch sofort als fehlerhaft erkennt, in keiner Weise gehindert, und umfasst daher die Perser schliesslich so vollständig, dass er sie von drei verschiedenen Seiten zugleich in Kolonnen angreifen kann; zwei Kolonnen werden sofort zurückgeschlagen, die eine durch einen geschickten Angriff des Cyrus, und die andere durch die gleich zu besprechende Kamelsreiterei; die dritte Kolonne, welche aus Aegyptern besteht, hält sehr tapfer Stand und erliegt erst, als Cyrus selbst mit seinen siegenden Truppen erscheint. Da Cyrus die Tapferkeit der Aegypter bewundert, so thut er dem Blutvergiessen bald Einhalt, knüpft darauf Unterhandlungen an und bestimmt die Aegypter zum Uebertritt in sein eigenes Heer.

Was Herodot uns über die Schlacht mittheilt, ist von sehr geringem Werthe. Er lässt die Entscheidung wesentlich durch eine List des Harpagus herbeigeführt werden. Harpagus soll nämlich dem Cyrus den Rath ertheilt haben, die Reiterei der Lyder, die von allen ihren Truppen am meisten gefährlich zu sein schien, dadurch unschädlich zu machen, dass er alle Kamele, die im Heere vorhanden wären, zusammenbringe, ihnen die Lasten abnehme und Reiter auf sie setze, und dann diese Kamelsreiterei gegen die lydische Reiterei vorrücken lasse; denn die Pferde, meinte Harpagus, würden den Anblick und den Geruch der Kamele nicht ertragen können und daher sofort scheu werden und umwenden. Die Rathschläge des Harpagus wurden von Cyrus in's Werk gesetzt und hatten einen so vollständigen Erfolg, dass sie die Entscheidung der Schlacht sofort herbeiführten. Harpagus erscheint hier wie auch sonst noch als Berather des Cyrus und als Haupturheber der Erfolge desselben, aber seine Rathschläge sind, wenn man sie näher betrachtet, nicht viel werth; denn wenn es wirklich richtig wäre, dass das Pferd sich vor dem Kamele scheut, und daher jede Reitermacht sich mit Hilfe einiger Kamele so leicht in die Flucht treiben liesse, so hätte man dieses Mittel auch in allen späteren Kriegen sicherlich sehr gern zur Anwendung gebracht. Wir können also getrost behaupten, dass an der ganzen Geschichte von den Kamelen kein wahres Wort ist, und dass wir somit auch aus Herodot über den Gang der Schlacht nichts Zuverlässiges erfahren. Von der Verwendung der Kamele in der Schlacht hat übrigens auch Xenophon VII, 1, 22 u. 27 erzählt, er folgt dabei aber nur dem Herodot, mit dem er sich überhaupt im siebenten Buche mehrfach berührt. Eigene Zuthat ist bei ihm noch die §§ 48 u. 49 gegebene Erklärung. woher es kam, dass die Kamelsreiterei. trotz ihrer Bewährung in dieser Schlacht, dennoch in weiteren Kriegen nicht mehr zur Anwendung gekommen ist.

Da die dem Herodot bei der Beschreibung des Krieges zwischen Krösus und Cyrus zu Grunde liegende Quelle eine schriftliche war, so ist hier die Ausscheidung von einzelnen anderweitigen Zuthaten nicht schwer. Zunächst hebt sich das 78. Capitel, das von einer durch den Erfolg glänzend bestätigten Unglücksprophezeiung der Telmesser handelt und also auf telmessischen Berichten beruht, aus dem Zusammenhang sehr leicht heraus. Man kann in diesem Falle sogar beobachten. dass Herodot einmal zufällig selbst den Satzbau der schriftlichen Quelle noch beibehalten hat, denn wenn man nach dem Schluss des 77. Capitels gleich den Anfang des 79. Capitels weiterliest. so bleibt man dabei ganz genau in der Construction, da dem καὶ ὁ μέν .... ἔπεμπε κήρυκας .... οὐδαμὰ ἐλπίσας u. s. w. das Κῦρος δέ am Anfange des 79. Capitels entspricht. — Eine andere Einschaltung, die ebenfalls den Zusammenhang der Quelle unterbricht, findet sich am Schluss des 79. Capitels in den Worten: ἦν δὲ τοῦτον τὸν χρόνον ἔθνος οὐδὲν ἐν τῇ Ἀσίῃ οὔτε ἀνδρηιότερον οὔτε ἀλκιμώτερον τοῦ Λυδίου· ἡ δὲ μάχη, σφέων ἦν ἀπ' ἵππων, δόρατά τε ἐφόρεον μεγάλα, καὶ αὐτοὶ ἦσαν ἱππεύεσθαι ἀγαθοί. Dass diese Bemerkungen über die Tapferkeit und über die Kampfesart der Lyder auch nach lydischen Berichten eingeschaltet sind, ist wohl schon an und für sich ganz klar. Ausserdem ist noch zu beachten, dass sie auch in die Vorstellungen der lydischen Berichterstatter sehr gut hineinpassen, da das τοῦτον τὸν χρόνον auf die c. 155 und 156 nach lydischen Berichten beschriebene später erfolgte systematische Verweichlichung der Lyder durch Cyrus sehr deutlich hinweist. — Eine dritte Einschaltung hat Herodot c. 80 gemacht, wo er die Geschichte von den Kamelen mit folgenden Worten unterbricht: ὡς δὲ οἱ πάντες διετετάχατο, παραίνεσε τῶν μὲν ἄλλων Λυδῶν μὴ φειδομένοις κτείνειν πάντα τὸν ἐμποδὼν γινόμενον, Κροῖσον δὲ αὐτὸν μὴ κτείνειν, μηδὲ ἢν συλλαμβανόμενος ἀμύνηται. Hier haben wir jedenfalls eine delphische Angabe vor uns, denn dieselbe bildet den Anfang zu der c. 85 mitgetheilten unzweifelhaft delphischen Erzählung, dass ein persischer Soldat den Krösus tödten wollte, da er ihn nicht erkannte (ἀλλογνώσας), aber sofort davon Abstand nahm, als ihm von dem stummen Sohne des Krösus, der an diesem Unglückstage nach delphischer Prophezeiung seine Sprache wiedererlangt hatte, plötzlich zugerufen wurde, dass er nicht den Krösus tödten solle (vgl. Plin. nat. hist. XI, 112, wo meiner Auffassung nach eine Rationalisirung dieser Erzählung vorliegt). Herodot hat seine Einschaltung im 80. Capitel übrigens an der ungeeignetsten Stelle vorgenommen, die sich überhaupt ausfindig machen lässt. Ich kann mir das nur daraus erklären, dass er die Absicht hatte, zuerst alle vorbereitenden Anordnungen des Cyrus, sowohl in Betreff der Aufstellung der Kamele und des übrigen Heeres, als auch in Betreff des Krösus, hinter einander abzuthun und erst dann zu der Schilderung der Wirksamkeit der Kamele während der Schlacht überzugehen.

Nachdem Krösus die entscheidende Schlacht verloren hatte, wurde er von den Bundesgenossen seinem weiteren Schicksal überlassen. Cyrus schloss ihn jetzt in Sardes ein und hielt ihn hier eine Zeit lang belagert. Schliesslich gelang es ihm, die Stadt durch Ueberrumpelung zu gewinnen. Von dem Felsen nämlich, auf dem die Burg von Sardes liegt, ist die dem Tmolos zugewandte Seite so steil, dass man sie für kaum angreifbar hielt und daher auch von ihrer Bewachung glaubte ganz absehen zu dürfen. Gerade an dieser Stelle bemerkte nun aber ein aus dem Volke der Marder herstammender Soldat mit Namen Hyroiades einen Zugang, indem er beobachtete, wie ein Lyder einen ihm heruntergefallenen Helm wieder heraufholte, und führte dann auf dem in dieser Weise entdeckten Zugange eine grössere Anzahl von Personen hinauf, mit deren Hilfe er schliesslich die Eroberung der ganzen Burg bewirkte. Herodot hat diesen Bericht über die Eroberung von Sardes wieder der schriftlichen Quelle entnommen; an der Zuverlässigkeit desselben ist umsoweniger zu zweifeln, da auch später einmal, im Jahre 213 v. Chr., Antiochus dem Grossen die Ueberrumpelung von Sardes an derselben Stelle in ganz ähnlicher Weise gelang (vgl. Polyb. VII, 15—18).

Der von Xenophon VII, 2 gegebene Bericht über die Eroberung von Sardes bietet nichts Anderes als willkürliche Umgestaltungen des Herodot und ist höchstens insofern interessant,
als er einmal deutlich erkennen lässt, in welcher Weise in der
Cyropädie mit den Quellen verfahren ist. — Recht beachtenswerth ist aber der Bericht des Ktesias (bei Bähr, S. 64, bei
Müller, frg. 29, § 4), der aus einer guten Quelle geschöpft ist
und aus dieser einige recht glaubwürdige Angaben bringt, die
aus Herodot nicht bekannt sind. Zunächst erfahren wir, dass
Cyrus bei seinem Angriffe auf Sardes die Saken unter ihrem
Könige Amorges zur Unterstützung hatte. Diese Angabe macht
schon an und für sich einen wahrheitsgetreuen Eindruck und
stimmt ausserdem auch noch ganz gut zur Cyropädie, wo V, 3.
§§ 22—24 und 38, erzählt wird, dass ziemlich gleichzeitig mit
Gobryas auch die Saken sich an Cyrus anschlossen. Während
der Belagerung von Sardes lässt Ktesias den Krösus einmal
seinen Sohn dem Cyrus als Geissel stellen, was natürlich darauf
hindeutet, dass Unterhandlungen zwischen beiden Königen im
Gange waren. Krösus erwies sich aber dem Cyrus gegenüber
als treulos und begann Nachstellungen gegen ihn zu versuchen.
Da der Versuch fehlschlug, so hatte er ihn mit dem Leben seines
Sohnes zu bezahlen, denn Cyrus liess denselben jetzt vor den Augen
seiner Eltern tödten. Die Mutter des Getödteten stürzte sich bei
diesem Anblicke vor Entsetzen von der Mauer herab, fand dabei
aber noch nicht sofort den Tod, sondern starb erst später, als
Sardes schon erobert war. Wenn Ktesias noch hinzufügt, dass
Krösus durch ein trügerisches Götterzeichen zur Auslieferung
seines Sohnes verleitet worden war, so möchte ich davon im
Hinblicke auf die Glaubwürdigkeit seiner anderen Angaben
wenigstens festhalten, dass die Zeichendeuter ihm, als er durch
irgend einen Zufall beunruhigt, eine Anfrage an sie richtete,
die Eröffnung der Verhandlungen und die Auslieferung seines
Sohnes empfohlen haben. Die Eroberung von Sardes bewirkt
Cyrus bei Ktesias dadurch, dass er nach dem Rathe des Oibares
die Lyder in grossen Schrecken versetzt, indem er hölzerne Bilder
von persischen Soldaten auf den Mauern der Burg erscheinen
lässt. Er hatte die Bilder, wie Polyän VII, 6, 10 in seinem
vollständigeren Berichte sagt, auf Stangen von gleicher Höhe
mit den Mauern angebracht und bei Nacht an die Mauern heran-

geschafft, und ging dann, als sie bei Tagesanbruch sichtbar wurden, gleichzeitig auf einer anderen Seite mit seinen Truppen zum Angriffe gegen Sardes vor. Meiner Ansicht nach hat man in den Bildern der persischen Soldaten, welche die Lyder so sehr in Schrecken setzten, die wirklichen Perser wiederzuerkennen, mit denen Hyroiades auf den Mauern plötzlich auftauchte. Die Vertauschung der wirklichen Perser mit ihren Abbildern schreibe ich einem Rationalisten zu, der den steilen Fels kannte, und nicht glauben wollte, dass wirklich persische Truppen denselben erklettert hätten. Dass man den Plan zu der Ueberlistung durch Oibares angeben liess, kann durchaus nicht befremden, da derselbe auch sonst als der gewöhnliche Berather des Cyrus erscheint. Justin's Soebares ist mit ihm natürlich identisch. Ist meine Identificirung der Bilder mit den Truppen des Hyroiades richtig, so kann man den Ktesias natürlich noch zur Vervollständigung des herodotischen Berichtes heranziehen und als wahr annehmen, dass Cyrus die Stadt gleichzeitig auf der anderen Seite angriff, als Hyroiades auf den Mauern erschien. Wahrscheinlich ist es auch richtig, dass Cyrus den Angriff bei Tagesanbruch unternahm und Hyroiades die Nacht benutzt hatte, um den Fels zu erklettern.

Nach der Einnahme von Sardes hat Cyrus dasselbe allem Anscheine nach schonungslos zerstört. Herodot bringt über die Schicksale von Sardes zwei sich widersprechende Angaben. Nach der schriftlichen Quelle sagt er c. 84 am Schlusse seines guten Berichtes über die Eroberung der Stadt οὕτω δὴ Σάρδιές τε ἡλώκεσαν καὶ πᾶν τὸ ἄστυ ἐπορθέετο. Nach der mündlichen lydischen Quelle aber erzählt Herodot c. 89, dass Cyrus auf die Vorstellungen des Krösus hin sogar auch die Plünderung der Stadt verbot. Den Vorzug verdient hier offenbar die erste Angabe, nicht nur, weil sie an und für sich wahrscheinlicher ist, sondern auch, weil sie aus einer bedeutend besseren Quelle entnommen ist.

Mit der Eroberung von Sardes hat das lydische Reich sein Ende erreicht; es haben daher sowohl die alten als auch die neuen Chronologen nach einer genauen Datirung derselben eifrig geforscht. Die Angaben der Alten bewegen sich zwischen den Jahren 548 und 541. Sehr eingehend behandelt sind dieselben von Unger, Kyaxares und Astyages (München 1882) S. 8 ff.,

welcher zeigt, dass überall die Eratosthenes-Apollodorische Ueberlieferung zu Grunde liegt, die auf das Jahr 546/5 führt. Ueber
die in neuerer Zeit versuchten Datirungen giebt Büdinger in
seinem Aufsatze „Krösus Sturz" (in den Sitzungsberichten der
Wiener Academie, philos. hist. Kl. Bd. 92, S. 197 ff.) folgende
ganz interessante Uebersicht: „Von den Forschern seit dem Ende
des vorigen Jahrhunderts nennen Volney den Januar 557, Georg
Rawlinson und Maspéro 554, Duncker 549, Ernst Curtius 547,
Clinton eines der Jahre von 548 bis 545; Grote, Gelzer und
Diels 546, Lenormant 545 bis 544, Haigh 542, Heeren um 540
oder 538, Bosanquet 534 vor Christo." Büdinger selbst entscheidet sich für das bisher noch nicht aufgestellte Jahr 541.
Die Gründe, welche die anderen Forscher für ihre Datirungen
beigebracht haben, hat er hinreichend widerlegt, nur ist er über
die Folgerungen, welche man aus Herodot's Angabe von dem
Brande des delphischen Tempels gemacht hat, viel zu schnell
hinweggegangen. Herodot berichtet nämlich c. 50, dass von dem
goldenen Löwen, welchen Krösus nach Vollbringung des grossen
Opfers nach Delphi geweiht hatte, bei dem Brande des Tempels
viertehalb Talente Gewicht abgeschmolzen sind. Der Brand
des Tempels fällt in das Jahr 548, und folglich hatte Krösus
bereits vor 548 den goldenen Löwen nach Delphi geschickt.
Büdinger giebt dieses natürlich als unzweifelhaft zu, erklärt es
aber für schlechterdings unzulässig, noch irgendwelche weitere
Schlussfolgerungen aus dieser Thatsache zu ziehen. Zu letzterer
Bemerkung haben ihm die Schlussfolgerungen Duncker's Anlass
gegeben, gegen die er mir mit vollem Rechte zu protestiren
scheint, aber entschieden hätte er zugeben müssen, dass Krösus
sich bereits vor dem Jahre 548 mit Kriegsgedanken getragen
hat, und somit auch der Coalitionskrieg, dessen Urheber Krösus
nicht gewesen ist, schon vor dieser Zeit zum Ausbruch gekommen war. Wie viele Jahre der Krieg sich hingezogen hat,
lässt sich nicht sicher angeben, aber von vorn herein empfiehlt
es sich, das Ende desselben nicht weiter von 548 abzurücken,
als die Angaben der Alten es erforderlich machen. Die Gründe,
welche Büdinger für seine eigene Datirung beibringt, scheinen
mir nicht stichhaltiger zu sein, als die meisten von denen, welche
er selbst widerlegt. Er sucht zu ermitteln, wie viel Zeit Cyrus
seit seinem Abzuge aus Lydien bis zu der 538 erfolgten

Eroberung von Babylon gebraucht habe, glaubt dabei bemerkt zu haben, dass Herodot von den weiteren Zügen des Cyrus nach zwei sich widersprechenden Quellen erzähle, von denen die eine ihn (c. 153) die Babylonier zuerst, und die andere (c. 177 und 178) zuletzt von allen asiatischen Völkern angreifen lasse, entscheidet sich für die erste Quelle, weil sie mit der Cyropädie übereinstimme, setzt dann noch zwei oder drei Jahre für die Belagerung aus, und kommt auf diese Weise schliesslich zu dem Resultate, dass das Jahr der Eroberung von Sardes nur 541 oder 540 gewesen sein könne. Vor allen Dingen muss ich bestreiten, dass Herodot c. 177 und c. 153 zwei verschiedene Quellen benutzt habe, und dass überhaupt ein Widerspruch zwischen beiden Capiteln vorhanden sei. Im 177. Capitel sagt Herodot: τὰ μέν νυν κάτω τῆς Ἀσίης Ἅρπαγος ἀνάστατα ἐποίεε, τὰ δὲ ἄνω αὐτῆς αὐτὸς Κῦρος, πᾶν ἔθνος καταστρεφόμενος καὶ οὐδὲν παριείς. τὰ μέν νυν αὐτῶν πλέω παρήσομεν· τὰ δέ οἱ παρέσχε τε πόνον πλεῖστον καὶ ἀξιαπηγητότατά ἐστι, τούτων ἐπιμνήσομαι. c. 178. Κῦρος ἐπείτε τὰ πάντα τῆς ἠπείρου ὑποχείρια ἐποιήσατο, Ἀσσυρίοισι ἐπετίθετο. Als Hauptstadt der Assyrier bezeichnet Herodot dann Babylon. Im 153. Capitel lässt Herodot sich auf eine Angabe über die Reihenfolge der Kriegszüge des Cyrus überhaupt gar nicht ein, sondern giebt nur allgemein an, welche Völker ihm nach der Unterwerfung Lydiens noch feindlich gegeüberstanden. Er sagt, dass Cyrus die Verwaltung von Sardes dem Perser Tabalos übertrug, und fährt dann fort: ἀπήλαυνε αὐτὸς ἐς Ἀγβάτανα, Κροῖσόν τε ἅμα ἀγόμενος καὶ τοὺς Ἴωνας ἐν οὐδενὶ λόγῳ ποιησάμενος τὴν πρώτην εἶναι. ἥ τε γὰρ Βαβυλών οἱ ἦν ἐμπόδιος καὶ τὸ Βάκτριον ἔθνος καὶ Σάκαι τε καὶ Αἰγύπτιοι, ἐπ᾽ οὓς ἐπεῖχέ τε στρατηλατέειν αὐτός, ἐπὶ δὲ Ἴωνας ἄλλον πέμπειν στρατηγόν. Dass Herodot die hier genannten Völker gerade in der Reihenfolge aufgeführt haben müsse, in der Cyrus sie nachher bekriegt hat, scheint mir eine ganz willkürliche Unterstellung zu sein. Wie wenig er bei der Nennung der Völker die wirklich geführten Kriege gegen dieselben im Auge hatte, beweist deutlich die Erwähnung der Aegypter, gegen die Cyrus ja überhaupt niemals einen Krieg geführt hat. Die Babylonier hat Herodot unter den Feinden des Cyrus nur deshalb an erster Stelle genannt, weil er sie, wie man aus dem oben citirten

177. Capitel ersieht, von allen für die bedeutendsten und gefährlichsten hielt. Xenophon ist als Stütze für die angebliche zweite Quelle des Herodot von gar keinem Werth: er hat die Kriege gegen die asiatischen Völkerschaften allerdings nicht vor der Eroberung von Babylon erzählt, aber andererseits doch auch nicht nach derselben, sondern sie, da sie ihm entweder unbekannt geblieben waren oder für den Plan seines Werkes nicht nöthig zu sein schienen, vollständig mit Stillschweigen übergangen. Wie lange die Belagerung von Babylon sich hingezogen hat, lässt sich auch nicht annähernd bestimmen. Man weiss nur aus I, 190, dass Cyrus nach langer Belagerung ($\chi\varrho\acute{o}\nu o\nu$ $\dot{\varepsilon}\gamma\gamma\iota\nu o\mu\acute{\varepsilon}\nu o\nu$ $\sigma\upsilon\chi\nu o\tilde{\upsilon}$) noch nichts erreicht hatte, und dass die Babylonier sich auf sehr viele Jahre verproviantirt hatten ($\pi\varrho o\varepsilon\sigma\acute{a}\xi\alpha\nu\tau o$ $\sigma\iota\tau\acute{\iota}\alpha$ $\dot{\varepsilon}\tau\acute{\varepsilon}\omega\nu$ $\varkappa\acute{a}\varrho\tau\alpha$ $\pi o\lambda\lambda\tilde{\omega}\nu$). Es bleibt also keineswegs ausgeschlossen, dass ein Theil der persischen Truppenmacht eine ganze Reihe von Jahren vor den Mauern von Babylon liegen musste, bis ihm die Eroberung endlich gelang. — Um seiner Combination auch in den alten Chronographen einen Anhalt zu geben, putzt Büdinger die Angabe der parischen Marmorchronik zu einem Zeugnisse ersten Ranges auf. Die Behauptung, dass ihr Hellanikos zu Grunde liege, stützt er nur darauf, dass Hellanikos nach einer möglicher Weise richtigen Vermuthung von Wilamowitz-Möllendorf nicht aus Mitylene, sondern aus Eresos stammte, und dann ein Landsmann des in der Marmorchronik verwertheten Phanias war. Dass Hellanikos sich in seinen $\Pi\varepsilon\varrho\sigma\iota\varkappa\acute{a}$ das richtige Datum für die Aufrichtung des Perserreiches verschafft hätte, hält Büdinger deshalb für selbstverständlich, weil „man in den griechischen Küstenstädten, wie auf Lesbos, zuverlässig wissen musste, wann die Perserherrschaft in Sardes begonnen habe". Meiner Ansicht nach ist es sehr zweifelhaft, ob zur Zeit des Hellanikos das richtige Datum in den griechischen Küstenstädten überhaupt noch so leicht zu gewinnen war, und daher halte ich es für gewagt, von vorn herein zu behaupten, dass Hellanikos in der Auffindung eines solchen Datums durchaus glücklicher gewesen sein müsse, als z. B. sein ebenfalls in Kleinasien einheimischer Zeitgenosse Herodot.

Krösus gerieth bei der Eroberung von Sardes in die Gefangenschaft des Cyrus. Ueber seine weiteren Schicksale giebt Herodot jetzt noch einen recht eingehenden Bericht. Er giebt

c. 86 an, dass die Perser den Krösus gefangen zu Cyrus führten
und geht dann zu der Scheiterhaufenscene über, von der er theils
nach delphischer, theils nach mündlicher lydischer Quelle erzählt.
Das Wiederauftreten der delphischen Quelle erkennt man am
besten daran, dass die Erzählung ihrem Hauptbestandtheile nach
in unlösbarem Zusammenhange bis zu der c. 90 und 91 mitgetheilten Geschichte von der Rechtfertigung der Pythia verläuft;
die lydischen Berichterstatter aber werden für die Angabe, dass
Apollo den Krösus nach seinem Gebete durch einen Regen aus
blauem Himmel von dem Feuertode errettet habe, von Herodot
ausdrücklich citirt. Da Herodot zwei verschiedene Quellen mit
einander zusammengearbeitet hat, so ist es sehr erklärlich, dass
sein Bericht manche Unebenheiten zeigt. die bei aufmerksamer
Betrachtung einem Leser wohl nicht entgehen werden. Man
lege sich namentlich einmal die Frage vor, in welchem Augenblicke Cyrus den Befehl zum Anzünden des Scheiterhaufens
gegeben hat. Während der Unterredung kann man sich den
Scheiterhaufen entschieden noch nicht als brennend denken, denn
dieselbe geht sehr ausführlich auf Alles ein und muss sich noch
umsomehr in die Länge gezogen haben, da sie ja nur durch
Dolmetscher geführt wurde. Es kommt noch hinzu, dass Krösus
anfangs nicht antworten wollte und dazu erst besonders gezwungen
werden musste. Dieses auszuführen wäre natürlich ein Unding
gewesen, wenn der Scheiterhaufen schon in Flammen gestanden
hätte. Nachdem Krösus dann wirklich zum Sprechen genöthigt
war, erzählte er, wie er den Solon einmal in seinen Schätzen
herumgeführt, und dieser ihm dabei, was wirkliches Glück sei,
auseinandergesetzt habe. Herodot fährt dann fort: τὸν μὲν
Κροῖσον ταῦτα ἀπηγέεσθαι, τῆς δὲ πυρῆς ἤδη ἀμμένης καίεσθαι
τὰ περιέσχατα. Nach diesen Worten müsste man annehmen,
dass Cyrus mitten in der Unterredung, die er mit Krösus hatte,
den Befehl zum Anzünden des Scheiterhaufens gegeben habe.
Man sieht also, wie schwer das Brennen des Scheiterhaufens
und die Unterredung sich mit einander vereinigen lassen, und
wie unklare Vorstellungen von der Situation der Verfasser sich
gemacht haben müsste, wenn man an der Einheit der Erzählung
wirklich festhalten wollte. Meiner Ansicht nach schliessen das
Brennen des Scheiterhaufens und die Unterredung sich gegenseitig aus und sind in zwei ganz verschiedene Erzählungen zu

verweisen. Beiden Erzählungen gemeinsam war die Angabe, dass Krösus von dem ihm drohenden Tode in unerwarteter Weise errettet wurde, in der Motivirung dieser Errettung gingen sie aber weit auseinander. Die lydische Erzählung muss etwa folgenden Zusammenhang haben: Cyrus hatte gehört, dass Krösus ein trefflicher, durch Frömmigkeit ausgezeichneter Mann sei, der unter besonderem Schutze der Gottheit stände. Er wollte sich davon selbst überzeugen und liess daher den Krösus auf den Scheiterhaufen bringen, um zu sehen, ob im Augenblicke der höchsten Gefahr sich auch wirklich ein Gott seiner annehmen werde (vgl. c. 86 εἴτε καὶ πυϑόμενος τὸν Κροῖσον εἶναι ϑεοσεβέα τοῦδε εἵνεκεν ἀνεβίβασε ἐπὶ τὴν πυρήν, βουλόμενος εἰδέναι εἴ τίς μιν δαιμόνων ῥύσεται τοῦ μὴ ζῶντα κατακαυϑῆναι und c. 87 οὕτω δὴ μαϑόντα τὸν Κῦρον ὡς εἴη ὁ Κροῖσος καὶ ϑεοφιλὴς καὶ ἀνὴρ ἀγαϑός, καταβιβάσαντα αὐτὸν ἀπὸ τῆς πυρῆς u. s. w.). Nachdem nun Krösus den Scheiterhaufen bestiegen hatte, gab Cyrus sofort den Befehl, denselben anzuzünden. Da rief Krösus in seiner Todesangst den Apollo um Hilfe an, und dieser erbarmte sich seiner, indem er aus blauem Himmel einen Regenguss herabströmen liess, der so heftig war, dass das Feuer sehr schnell erlosch. Aus diesem Wunder ersah Cyrus, dass der König der Lyder unter besonderem Schutze der Götter stehe und ein trefflicher Mann sei, und gab daher den Befehl, ihn unversehrt wieder vom Scheiterhaufen herabzuführen. Von Solon haben die Lyder natürlich nichts gewusst, denn dieser ist ausschliessliches Eigenthum der delphischen Erzählung. Der Inhalt der delphischen Erzählung ist ungefähr folgender gewesen: Krösus hatte den Solon nach seiner Unterredung mit ihm für einfältig gehalten und seine Worte nie beachtet. Erst als er zum Tode abgeführt war, tauchte die Erinnerung daran bei ihm plötzlich wieder auf und brachte eine solche Wirkung bei ihm hervor, dass er den Namen Solon mit lauter Stimme dreimal ausrief. Als Cyrus dieses hörte, liess er den Krösus fragen, wer Solon sei, und zwang ihn, die Geschichte von seiner Unterredung mit ihm zu erzählen. Von dieser Erzählung des Krösus wurde Cyrus so mächtig ergriffen, dass er in Beherzigung der Worte des Solon sich sofort zur Freilassung des Krösus entschloss.

Dass die Verschmelzung der beiden Berichte von Niemand anders gemacht ist, als von Herodot selbst, wird durch das c. 87

beigebrachte Citat λέγεται ὑπὸ Λυδῶν, durch das Herodot auf seinen persönlichen Verkehr mit den lydischen Berichterstattern hindeutet, deutlich bewiesen. Von kleinen Zuthaten hat Herodot sich bei seiner Arbeit nicht ganz fern gehalten. Er giebt nämlich an, dass Cyrus befohlen habe, das Feuer auszulöschen und den Krösus herabzuführen, dass man aber trotz aller Versuche des Feuers nicht mehr habe Herr werden können. Diese Angabe stand weder in der delphischen Quelle, in welcher ja vom Feuer überhaupt gar nichts vorkam, noch in der lydischen Quelle, in welcher das Feuer von keinem Anderen gelöscht wurde, als von Apollo; sie muss also, wenn unsere oben gemachte Zergliederung richtig ist, nothwendig auf einer reinen Erfindung des Herodot beruhen. Ich nehme auch keinen Anstand, zu behaupten, dass dieses wirklich der Fall ist, denn ich bin überzeugt, dass damit der historischen Ehre des Herodot in keiner Weise zu nahe getreten würde. Derselbe war sich durchaus nicht bewusst, etwas Neues in seine Ueberlieferung hineinzutragen, sondern hat nur erzählt, was sich ihm bei der Ausgleichung der delphischen und der lydischen Ueberlieferung als wahre Thatsache zu ergeben schien. Er ersah aus der lydischen Erzählung, dass der Scheiterhaufen bereits eine Zeit lang gebrannt hatte, und folgerte daher ganz natürlich, dass Cyrus den Befehl zum Auslöschen hatte geben müssen, bevor er den Krösus nach seiner Erzählung von Solon zu sich herunterzuführen befahl. Wenn ihm dann aber wiederum berichtet wurde, dass der Scheiterhaufen noch immer brannte, als Apollo den Regen sandte, so ist es ganz selbstverständlich, dass er daraus den weiteren Schluss zog, dass die von Cyrus angeordneten Löschversuche erfolglos geblieben waren. Einer eigentlichen Fälschung hat Herodot sich hiernach also nicht schuldig gemacht, sondern er stand in dem guten Glauben, die Grenzen einer ganz berechtigten Ergänzung in keiner Weise überschritten zu haben.

An die Scheiterhaufenscene schliesst Herodot eine sehr hübsche Erzählung von der Auseinandersetzung des Krösus mit dem delphischen Orakel. Nachdem Cyrus nämlich von Krösus über die Vergänglichkeit des menschlichen Glückes belehrt worden ist, richtet er an ihn die Frage, was ihn denn eigentlich bestimmt habe, den für ihn so unglückbringenden Krieg zu beginnen. Krösus antwortet, dass allein der delphische Gott mit seinem trügerischen Orakel ihn in's Unglück gestürzt habe, und bittet sich dann die Erlaubniss aus, denselben wegen seines undankbaren Verhaltens zu ihm einmal ordentlich zur Rede stellen zu dürfen. Die Erlaubniss wird ihm natürlich von Cyrus bereitwillig ertheilt. Er schickt darauf die Ketten, mit denen er selbst gefesselt gewesen war, nach Delphi und lässt sie dort auf die Schwelle des Tempels legen, um sie dem Gotte zum Danke für seine schönen Rathschläge zu überreichen. Dabei lässt er ihn fragen, ob er sich nicht schäme, ihn so hintergangen zu haben, und ob es auch sonst bei den hellenischen Göttern Brauch wäre, in dieser Weise für empfangene Geschenke sich dankbar zu beweisen. Diese Vorwürfe geben dem Gotte Gelegenheit zu einer Rechtfertigung, deren er sehr bedurfte, und zwar nicht nur im Zusammenhange des herodotischen Berichtes, sondern jedenfalls auch in Wirklichkeit. Nach Herodot's Darstellung würde das Orakel allerdings nie glänzendere Erfolge zu verzeichnen gehabt haben, als in dem Kriege des Krösus, in Wahrheit aber hatte es den Krösus sehr schlecht berathen, und um dieses möglichst zu beschönigen, hatte man in Delphi einen Bericht zusammengestellt, der den Zweck hatte, zu zeigen, dass der Gott sich mit Krösus die allergrösste Mühe gegeben habe, dass dieser aber aus eigenem Unverstande trotz aller Warnungen dem Schicksal unaufhaltsam entgegengeeilt sei. Dieser Bericht schliesst c. 91 sehr charakteristisch mit den Worten: ταῦτα μὲν ἡ Πυθίη ἐπεκρίνατο τοῖσι Λυδοῖσι, οἱ δὲ ἀνήνεικαν ἐς Σάρδις καὶ ἀπήγγειλαν Κροίσῳ, ὁ δὲ ἀκούσας συνέγνω ἑωυτοῦ εἶναι τὴν ἁμαρτάδα καὶ οὐ τοῦ θεοῦ. Die auf die Vorwürfe des Krösus gehaltene Erwiderungsrede der Pythia enthält gewissermassen die Quintessenz aus dem ganzen delphischen Berichte, denn hier werden dem Krösus die Wohlthaten, die ihm der delphische Gott jemals erwiesen hatte, alle wieder in's Gedächtniss zurückgerufen. Bei dieser Vertheidigungsrede hat auch Herodot es sich gestattet, der Pythia ein wenig zu secundiren: er führt nämlich unter den Wohlthaten des Apollo auch den Regenguss an, obwohl derselbe in die delphische Ueberlieferung gar nicht hineingehört, sondern I, 87 ausdrücklich auf die Angaben der Lyder zurückgeführt wird. Wir sehen also, dass Herodot hier keineswegs so gewissenhaft verfährt, als man nach seinem sonstigen Verhalten anzunehmen berechtigt ist. Allerdings müssen wir zu seiner Rechtfertigung hinzufügen, dass es sich in unserem Falle nur um die Wiedergabe einer Rede handelt, und dass in Reden auch sonst die glaubwürdigsten Schriftsteller eine Combination aus verschiedenen Elementen durchaus nicht vermieden haben.

Um den delphischen Bericht in seinem Zusammenhange zu verfolgen, war es nöthig, bei Herodot einige Abschnitte vor der Hand bei Seite zu lassen. Man wird nun bemerken, dass diese ausgeschiedenen Abschnitte sich untereinander fortsetzen und den lydischen Bericht zusammenhängend wiedergeben. Derselbe reicht nämlich im 87. Capitel bis zu den Worten οὕτω δὴ μαθόντα τὸν Κῦρον ὡς εἴη ὁ Κροῖσος καὶ θεοφιλὴς καὶ ἀνὴρ ἀγαθός, καταβιβάσαντα αὐτὸν ἀπὸ τῆς πυρῆς· und führt dann mit Beiseitelassung der delphischen Angaben im 88. Capitel folgendermassen fort: Κῦρος δὲ αὐτὸν λύσας κατεῖσέ τε ἐγγὺς ἑωυτοῦ καὶ κάρτα ἐν πολλῇ προμηθίῃ εἶχε, ἀπεθώυμαζέ τε ὁρέων καὶ αὐτὸς καὶ οἱ περὶ ἐκεῖνον ἐόντες πάντες. Um den Grund, weshalb Krösus von Allen bewundert wurde, zu erklären, weist Stein, der schon im 87. Capitel wieder zwei Homer-Reminiscenzen entdeckt hatte, darauf hin, dass auch Ω 631 der versöhnte Achill den Priamus bewundert. Der wirkliche Grund der allgemeinen Bewunderung ist natürlich, dass Krösus durch ein grosses Wunder gerettet und als gottgeliebt deutlich bezeichnet worden war, und bei diesem Gedankenzusammenhange schliessen sich dann die beiden citirten Stellen auf das Engste an einander an. Im weiteren Verlaufe seines Berichtes giebt Herodot ein längeres Gespräch zwischen Krösus und Cyrus wieder, an dem man einige Eigenthümlichkeiten der lydischen Quelle beobachten kann. Zunächst ist für dieselbe charakteristisch das lange Ausspinnen von Zwiegesprächen, deren Scene stets die Umgebung des Krösus ist. Dabei kommt es gewöhnlich darauf hinaus, dass ebenso wie hier irgend ein Rathschlag ertheilt wird, bei dem sich eine sehr primitive politische Weisheit zu erkennen giebt, vgl. c. 27, 71, 155, 207 (auch c. 94, wo das Würfelspiel als Mittel gegen die Hungersnoth hingestellt wird). Der in unserem Capitel gegebene Rath des Krösus, die geplünderten Schätze den Persern abzunehmen und dem Zeus zu weihen, steht mit der c. 86 gerühmten Frömmigkeit des Krösus sehr gut im Einklang. Recht bezeichnend ist in der lydischen Quelle auch die geringschätzige Beurtheilung der Perser;

an unserer Stelle sagt Krösus *Πέρσαι φύσιν ἐόντες ὑβρισταὶ εἰσὶ ἀχρήματοι*, und c. 71 sagt Sandanis in ganz ähnlicher Weise zu Krösus *τοῦτο μὲν δή, εἰ νικήσεις, τί σφεας ἀπαιρήσεαι, τοῖσί γε μή ἐστι μηδέν; τοῦτο δέ, ἢν νικηθῇς, μάθε ὅσα ἀγαθὰ ἀποβαλέεις· γευσάμενοι γὰρ τῶν ἡμετέρων ἀγαθῶν περιέξονται οὐδὲ ἀπωστοὶ ἔσονται.*

Wer die von mir vorgeschlagene Zergliederung des von c. 87 ab ·mitgetheilten Berichtes annehmbar findet, wird sich gewiss die Frage vorlegen, was wohl den Herodot bestimmt haben kann, die ihm vorliegende Erzählung in der angegebenen Weise zu zerreissen. Ich glaube. dass Herodot sich hier seiner Schuld wieder gar nicht recht bewusst gewesen ist, da er in dem Glauben stand, dass die beiden in der delphischen und in der lydischen Quelle mitgetheilten Unterredungen zwischen Krösus und Cyrus mit einander identisch wären. Er nahm also an, dass ihm zwei verschiedene Bruchstücke aus einem und demselben Gespräche mitgetheilt waren, und machte nun den Versuch, dieses Gespräch, so gut es anging. zu reconstruiren. Allerdings verfuhr er dabei nicht mit vollkommener historischer Gewissenhaftigkeit. indessen habe ich schon oben bemerkt, dass er bei der Wiedergabe von Reden viel freiere Grundsätze hatte, als bei der Behandlung der Geschichtserzählung.

Nachdem wir die verschiedenen Berichte bei Herodot von einander gesondert haben, können wir schliesslich noch beobachten, in welcher Weise Cyrus' Entschluss, den Krösus mit dem Tode zu bestrafen, motivirt ist. Herodot äussert sich darüber c. 86 mit folgenden Worten: *ὁ δὲ συννήσας πυρὴν μεγάλην ἀνεβίβασε ἐπ' αὐτὴν τὸν Κροῖσόν τε ἐν πέδῃσι δεδεμένον καὶ δὶς ἑπτὰ Λυδῶν παρ' αὐτὸν παῖδας, ἐν νόῳ ἔχων εἴτε δὴ ἀκροθίνια ταῦτα καταγιεῖν θεῶν ὅτεῳ δή, εἴτε καὶ εὐχὴν ἐπιτελέσαι θέλων, εἴτε καὶ πυθόμενος τὸν Κροῖσον εἶναι θεοσεβέα τοῦδε εἵνεκεν ἀνεβίβασε ἐπὶ τὴν πυρήν, βουλόμενος εἰδέναι, εἴ τίς μιν δαιμόνων ῥύσεται τοῦ μὴ ζῶντα κατακαυθῆναι.* Die dreifache Motivirung erinnert hier an die c. 73 gegebene dreifache Motivirung des ganzen Krieges. Dort hatte sie Herodot, wie wir S. 94 gesehen haben, aus den drei ihm vorliegenden Quellen zusammengestellt, und hier hat er es aller Wahrscheinlichkeit nach nicht anders gemacht. Dass der dritte der mit *εἴτε* eingeführten Gründe der lydischen Quelle entnommen ist, habe ich oben bereits gezeigt; der erste

Grund wird delphisch sein, denn die ἀκροθίνια, die Cyrus nach seinem Siege dem Gotte darbringen will, erinnern sehr an die ἀκροθίνια, die Krösus nach seiner Niederlage dem Gotte auf die Schwelle des Tempels legen lässt. Für die Unterbringung des zweiten Grundes ist ein bestimmter Anhalt nicht zu finden, jedoch wird man nach der Analogie des 73. Capitels wagen dürfen, ihn der schriftlichen Quelle zuzuweisen, zu deren nüchternem Tone er übrigens auch gar nicht übel passt. Wenn Herodot die schriftliche Quelle bei der Darstellung der Schicksale des Krösus nicht weiter benutzt hat, so liegt das offenbar daran, dass sie eine detaillirte Erzählung hier überhaupt gar nicht gebracht hat. — Bei der Betrachtung der dreifachen Motivirung darf schliesslich auch nicht unbemerkt bleiben, dass alle drei Quellen von Cyrus' Absicht, den Krösus mit dem Tode zu bestrafen, gewusst haben, und mithin an der Wirklichkeit dieser Absicht überhaupt kein Zweifel bleibt. Duncker IV, 332 will zwar nicht glauben, dass Cyrus den gefangenen König noch über sein Geschick hinaus hätte schädigen wollen, und beruft sich, um dieses zu beweisen, auf die ihm wirklich glaubhaft erscheinende Angabe, dass Cyrus befohlen hatte, das Leben des Krösus während der Schlacht zu schonen; er bringt bei seiner Annahme aber nicht genügend in Anschlag, dass Krösus sich während der Verhandlungen über die Capitulation hinterlistiger Nachstellungen schuldig gemacht und dadurch jedes Anrecht auf eine milde Behandlung von vorn herein verwirkt hatte.

Von den Schriftstellern, welche nach Herodot die Schicksale des Krösus von seiner Gefangennehmung bis zu seiner Begnadigung durch Cyrus behandelt haben, ist vor allen Ktesias einer näheren Beachtung werth. Derselbe steht auch hier wieder in directem Widerspruche mit Herodot, da er einen Bericht giebt, welcher die Scheiterhaufenscene von vorn herein ausschliesst. Er erzählt, dass Krösus von Cyrus in Fesseln gelegt war, aber durch eine unsichtbare Macht wiederholentlich aus denselben befreit wurde, dann zur schärferen Bewachung in die Königsburg gebracht und dort stärker gefesselt wurde, aber trotzdem seine Fesseln unter Donner und Blitz wieder verlor, worauf Cyrus sich endlich zur Freilassung des Krösus entschloss. Darin, dass Krösus wirklich in Fesseln gelegen hat, stimmt Ktesias mit dem delphischen Berichte überein, da nach letzterem ja Krösus seine Fesseln dem

delphischen Gotte überreicht. Es ist also kaum statthaft, an der
Wirklichkeit der Fesselung zu zweifeln. Was den Cyrus bestimmte,
von härterer Bestrafung abzusehen, wird aus Ktesias ebensowenig
klar, wie aus Herodot. Uebereinstimmend ist bei Beiden, dass
die Gottheit zu Gunsten des Krösus direct eingreift und dadurch die Sinnesänderung des Cyrus bewirkt. Diese Uebereinstimmung hat ihren letzten Grund entweder in dem Thatbestand
oder in der Verwandtschaft der Ueberlieferung. Im ersten Falle
müsste Cyrus durch irgend einen Aberglauben zur Sinnesänderung
bestimmt worden sein, und im zweiten Falle hätte man anzunehmen, dass die allgemein bekannte Erzählung von der Errettung
des Krösus auf dem Scheiterhaufen bei der Entstehung des Berichtes von Ktesias von Einfluss war.

Xenophon beruht in seiner Cyrop. VII, 2 gegebenen Darstellung von der Zusammenkunft des Krösus mit Cyrus ausschliesslich auf Herodot. An einzelnen Stellen giebt er ihn
ziemlich genau wieder (vgl. z. B. § 9 und Herod. c. 90 die Anrede
ὦ δέσποτα, ferner § 10 ἐπείπερ ἄνθρωποί γέ ἐσμεν ἀμφότεροι mit
Herod. c. 86 ὅτι αὐτὸς ἄνθρωπος ἐὼν ἄλλον ἄνθρωπον ζῶντα πυρὶ
διδοίη, und dann § 19 ἐπεὶ δ' ἐγὼ πολλὰ μὲν πέμπων ἀναθήματα
χρυσᾶ, πολλὰ δ' ἀργυρᾶ, πάμπολλα δὲ θύων ἐξιλασάμην ποτὲ αὐτόν
mit Her. c. 50 μετὰ δὲ ταῦτα θυσίῃσι μεγάλῃσι τὸν ἐν Δελφοῖσι
θεὸν ἱλάσκετο und c. 51 ἀπέπεμπε ἐς Δελφοὺς κρητῆρας δύο
μεγάθεϊ μεγάλους χρύσεόν καὶ ἀργύρεον und καὶ περιρραντήρια δύο
ἀνέθηκε, χρύσεόν τε καὶ ἀργύρεον u. s. w.). Meistentheils hat
Xenophon aber den Herodot recht willkürlich umgestaltet, theils
um ihn glaublicher zu machen, wie z. B. § 20, wo er sich gegen
die Erzählung von dem wieder redend gewordenen Sohne des
Krösus ablehnend verhält, indem er sagt ὁ μὲν γὰρ κωφὸς ὢν
διετέλει, theils um seine eigenen philosophischen und religiösen
Anschauungen zum Ausdruck zu bringen, wie dies namentlich
c. 17 bei der Wiedergabe der Orakelgeschichte deutlich zu Tage
tritt. Wenn Xenophon die Scheiterhaufenscene streicht, so thut
er dies nicht etwa nach dem Vorgange irgend einer Quelle, wie
man hat behaupten wollen, sondern nur deshalb, weil sie mit
seiner Charakteristik des Cyrus sehr schwer in Einklang zu
bringen ist. Eine andere Quelle als Herodot hat Xenophon
hier nicht benutzt. wie man dies bei einer näheren Betrachtung
seiner einzelnen Angaben leicht erkennen kann.

Diodor zeigt in seiner IX, 33 und 34 gegebenen Darstellung nur unerhebliche Abweichungen von dem Berichte des Herodot. In letzter Instanz geht er auch jedenfalls auf ihn zurück, da er sowohl in lydischen als auch in delphischen Bestandttheilen mit ihm Berührung zeigt. — Plutarch ist im Solon c. 28 mit Diodor verwandt, was z. B. aus der beiden gemeinsamen Einflechtung des Aesop in die Erzählung zu folgern ist (vgl. Diod. c. 28).

Nicolaus giebt von der Scheiterhaufenscene fr. 68 eine Darstellung, die nicht minder ausführlich ist, als die des Herodot. Duncker führt dieselbe wieder auf Xanthus zurück (vgl. IV, 332) und legt sie daher seiner Geschichtsdarstellung zu Grunde; damit schenkt er ihr aber viel mehr Beachtung, als sie eigentlich verdient. Zunächst ist zu beachten, dass Nicolaus in diesem Fragmente sich an vielen Stellen mit Herodot eng berührt. Er erwähnt ebenso wie Herodot c. 86 die vierzehn Lyder, welche mit Krösus zusammen den Scheiterhaufen bestiegen, und gebraucht dabei noch sogar den dort angewandten Ausdruck δὶς ἑπτά· sodann vergleicht er nach dem Vorbilde von Herod. I, 155 den Krösus mit einem Vater der Lyder; ausserdem hat er Krösus' stumm geborenen und vor Entsetzen wieder redend gewordenen Sohn aus Herodot entnommen; und endlich berührt er sich bei der Erzählung von dem dreimaligen Ausrufen des Namens Solon sogar wieder im Ausdrucke mit Herodot, denn einmal entlehnt er von ihm den seltsamen Ausdruck ἐς τρίς und ausserdem sagt er auch σιωπῆς δὲ γενομένης στενάξας μέγα in unverkennbarer Nachahmung von Herodot's Worten ἀναστενάξαντα ἐκ πολλῆς ἡσυχίης. Nachdem Krösus den Namen Solon ausgerufen hat, überlegt Cyrus bei Nicolaus ebenso wie bei Herodot, dass Krösus die gleiche Stellung hat, wie er selbst, und giebt zum Auslöschen des Scheiterhaufens den Befehl. Da man der Flammen nicht mehr Herr werden kann, wendet Krösus sich auch bei Nicolaus mit seinem Gebete an Apollo, worauf dieser den Regenguss sendet, der das Feuer sofort löscht. Cyrus hält in Folge dessen den Krösus nicht nur für θεοσεβής, sondern sogar für θεοσεβέστατος und gestattet ihm, irgend einen beliebigen Wunsch zu äussern. Krösus bittet hierauf, den delphischen Gott zur Rede stellen zu dürfen, was Cyrus ihm gern gewährt. Bei der Wiedergabe der letzten Angaben ist Nicolaus auch im Ausdrucke wieder ganz abhängig von Herodot. Man kann nämlich seinen Bericht in folgender Weise mit einzelnen Herodotstellen belegen:

Nicolaus. | Herodot.

'Ο δὲ εἶπεν· „ὦ δέσποτα, ἐπεί μέ σοι θεοὶ ἔδοσαν, σύ τε χρηστὰ ἐπαγγέλλεις, αἰτοῦμαί σε δοῦναί μοι πέμψαι Πυθοῖδε τὰς πέδας τάς δε, καὶ τὸν θεὸν ἐρέσθαι, τί παθὼν ἐξηπάτα με τοῖς χρησμοῖς ἐπάρας στρατεύειν ἐπὶ σὲ ὡς περιεσόμενον; ἐξ ὅτου αὐτῷ τάδε ἀκροθίνια πέμπω (δείξας τὰς πέδας)· καὶ τί δήποτε ἀμνημονοῦσι χάριτος οἱ τῶν Ἑλλήνων θεοί.“ Κῦρος δὲ γελάσας καὶ τάδε ἐφη, δώσειν, καὶ ἄλλων οὐκ ἀτυχήσειν αὐτὸν μειζόνων.

c. 90: ὁ δὲ εἶπε· ὦ δέσποτα.

c. 89: ἐπείτε με θεοὶ ἔδωκαν δοῦλον σοί.

c. 90: τὸν θεὸν ἐπείρεσθαι πέμψαντα τάσδε τὰς πέδας, εἰ ἐξαπατᾶν τοὺς εὖ ποιεῦντας νόμος ἐστί οἱ.

c. 90: ὡς δὲ ταῦτα ἤκουσε ὁ Κροῖσος πέμπων τῶν Λυδῶν ἐς Δελφοὺς ἐνετέλλετο τιθέντας τὰς πέδας ἐπὶ τοῦ νηοῦ τὸν οὐδὸν εἰρωτᾶν εἰ οὔ τι ἐπαισχύνεται τοῖσι μαντηίοισι ἐπαείρας Κροῖσον στρατεύεσθαι ἐπὶ Πέρσας ὡς καταπαύσοντα τὴν Κύρου δύναμιν, ἀπ᾽ ἧς οἱ ἀκροθίνια τοιαῦτα γενέσθαι (δεικνύντας τὰς πέδας)· ταῦτά τε ἐπειρωτᾶν καὶ εἰ ἀχαρίστοισι νόμος εἶναι τοῖσι Ἑλληνικοῖσι θεοῖσι.

c. 90: Κῦρος δὲ γελάσας εἶπε „καὶ τούτου τεύξεαι παρ᾽ ἐμεῦ, Κροῖσε, καὶ ἄλλου παντὸς τοῦ ἂν ἑκάστοτε δέῃ.“

Ganz besonders auffallend ist hier noch die Nachahmung des bei Herodot so sehr nachklappenden δεικνύντας τὰς πέδας. — In der c. 90 folgenden Rechtfertigungsrede der Pythia kommt Herodot wieder auf die schon c. 13 erwähnte Prophezeiung zu sprechen, dass der fünfte Nachkomme des Gyges den Sturz der Herakliden werde büssen müssen. Nicolaus erwähnt dieselbe bei der Geschichte des Gyges im 49. Fragment, und zwar wieder mit unverkennbarem Anklage an Herodot, vgl. Herod. c. 13: τοσόνδε μέντοι εἶπε ἡ Πυθίη, ὡς Ἡρακλείδῃσι τίσις ἥξει ἐς τὸν πέμπτον ἀπόγονον Γύγεω und Nicol. τοσόνδε προειπών, ὅτι τοῖς Ἡρακλείδαις εἰς πέμπτην γενεὰν ἥκοι τίσις παρὰ τῶν Μερμναδῶν. Man hat in der Prophezeiung eine Angabe des Xanthus erkennen wollen, die von Herodot und Nicolaus gemeinsam benutzt wäre. Jedenfalls muss man aber die Herodotanklänge dieser Stelle mit denen des 68. Fragmentes auf eine Stufe stellen und sie in beiden Fällen darauf zurückführen, dass Nicolaus den Herodot direct benutzt hat. Sämmtliche Aehnlichkeiten zwischen Herodot und Nicolaus auf eine Gemeinsamkeit der Quelle zurückzuführen, ist übrigens schon von vorn berein unmöglich, da dieselben sich nach unserer oben gemachten Zerlegung des herodotischen Berichtes auf zwei ganz verschiedene Quellen vertheilen.

Nachdem wir uns überzeugt haben, dass Nicolaus den Herodot direct benutzt hat. bleibt es noch übrig, seine Abweichungen von demselben einer näheren Betrachtung zu unterziehen. Viele Abweichungen kommen nur auf Ausschmückungen und willkürliche Umgestaltungen des herodotischen Berichtes hinaus. So sind z. B. gleich am Anfange Herodot's Worte: ὁ δὲ συννήσας πυρὴν μεγάλην erweitert in καὶ οἱ Πέρσαι μεγάλην ἔνησαν πυρὰν Κροίσῳ ὑπό τινα ὑψηλὸν τόπον, ἀφ᾽ οὖ ἔμελλον θεάσασθαι τὰ γινόμενα. Nicolaus nimmt also gleich von vorn herein darauf Bedacht. dass nach seiner Darstellung ein grosses Publikum wird unterzubringen sein; und verlegt daher den Scheiterhaufen an einen Abhang, von dem aus Alles eben so gut sollte gesehen werden können, wie in einem Theater. Er lässt darauf den Cyrus auftreten, und zwar nicht nur in Begleitung von sehr vielen Zuschauern aus der Stadt und von auswärts, sondern auch an der Spitze seiner gesammten Kriegsmacht. Natürlich ist dieses nicht in einer alten Quelle überliefert gewesen. sondern von einem späteren, nach Effect haschenden Schriftsteller erfunden. Bei dem darauf folgenden Auftreten des Krösus erhebt das versammelte Publikum ein Jammergeschrei, wie es bei der Eroberung von Sardes nicht grösser gewesen war, denn man betrauerte in ihm den Vater des lydischen Volkes (nach Herod. I. 155 gemacht) und geräth daher in solche Verzweiflung. dass man sich die Haare ausrauft. Um den Effect noch mehr zu steigern, lässt Nicolaus dann den Krösus an Cyrus die Bitte richten, sich von seinem wieder redend gewordenen Sohne verabschieden zu dürfen. Dies wird gewährt. und als der Sohn vorgeführt wird, bricht Krösus, der bis dahin unbewegt geblieben war, in Thränen aus. Der Sohn selbst geräth dermassen in Verzweiflung, dass er durchaus mit Krösus zusammen den Scheiterhaufen besteigen will und nur mit Mühe durch sein zahlreiches Gefolge davon abgehalten werden kann. Derartige

Rührscenen gehen sicher nicht auf Xanthus zurück, sondern gehören erst in die nachklassische Zeit. Am einfachsten wird man den Nicolaus selbst dafür verantwortlich machen. Während der Unterredung zwischen Vater und Sohn kommen Mägde heran, welche kostbare Gewänder und anderweitige Schmucksachen als Gabe der lydischen Frauen auf den Scheiterhaufen legen. Letzteres beruht nicht, wie Duncker voraussetzt, auf Xanthus, sondern ist lediglich eine Ausschmückung des Herodot, die mit dem Haareausraufen und den sonstigen Liebesbeweisen der Lyder für ihren Vater Krösus auf einer Stufe steht. Das Gebet des Krösus an Apollo hat Nicolaus sich in seiner Darstellung natürlich nicht entgehen lassen, den auf das Gebet folgenden Regen aus blauem Himmel konnte er aber dem Publikum seiner Zeit nicht mehr bieten, und daher half er hier in der einfachsten Weise, indem er angab, dass der Himmel schon vom Morgen an bewölkt gewesen war (vgl. fr. 28 die nach Xanthus fr. 12 gemachte Rationalisirung der Erzählung von Kambles). Duncker glaubt dieses wieder: er versichert IV, S. 332 wiederholentlich, dass es auf Xanthus beruht. und benutzt das trübe Wetter sogar zu einer wesentlichen Stütze für seine gleich näher zu besprechende Hypothese von der Selbstverbrennung des Krösus. Bei der Schilderung des hereinbrechenden Unwetters lässt Nicolaus seiner Phantasie sehr freien Lauf. Er erzählt, es hätte ein so furchtbares Gewitter getobt, dass es ganz dunkel wurde, und der Regen wäre mit solcher Gewalt herniedergefallen, dass die Menschen sich kaum aufrecht zu erhalten vermochten. Um die Verwirrung zu völlenden. wären dann noch die Pferde, welche von dem gewaltigen Donner scheu wurden, durch die Menge gerast und hätten viele Menschen niedergetreten. Trotz aller Verwirrung hätte man den Krösus nicht vergessen, sondern. um ihn vor dem Regen zu schützen. eine grosse purpurne Decke als Schirm über ihm ausgespannt. Nicolaus fügt hinzu. dass Thales dieses Unwetter aus gewissen Anzeichen schon früher prophezeit hatte, und führt diese Angabe mit φασὶ δέ τινες ein. Dieser Einführung bedient er sich in dem Fragmente im Ganzen dreimal. Das erste Mal verwendet er sie, um das Gebet des Krösus an Apollo damit einzuführen, also bei einer Angabe, die er unzweifelhaft von keinem anderen Schriftsteller entlehnt hat, als von Herodot. Das zweite φασὶ

gebraucht er bei der erwähnten Prophezeiung des Thales, die
natürlich gleichen Ursprung hat, wie das Unwetter selbst,
also jedenfalls von Nicolaus selbst als Gegenstück zu der
ihm aus Herodot bekannten Prophezeiung der Sonnenfinsterniss
erfunden ist. Das dritte φασὶ δέ τινες leitet den letzten
Satz des ganzen Fragmentes ein, in welchem angegeben wird,
dass Cyrus den Krösus wohl würde als Statthalter in Sardes
gelassen haben, wenn er nicht einen Aufstand der Lyder be-
fürchtet hätte. Von vorn herein empfiehlt es sich, das φασί in
allen drei Fällen auf gleiche Stufe zu stellen, und daher glaube
ich, dass auch im letzten Falle ein wirklich neues Zeugniss
nicht vorliegt, sondern dass vielmehr die Befürchtung des Cyrus
im Hinblicke auf den später wirklich erfolgten Aufstand der
Lyder erfunden ist. Herodot hat von demselben c. 154—156
erzählt, und wie gut diese Erzählung dem Nicolaus im Gedächtniss gewesen ist, beweist er selbst damit, dass er den Vergleich des Krösus mit einem Vater der Lyder aus ihr entlehnt.
    Zu den auf Grund der herodotischen Erzählung zurecht-
gemachten und daher für uns ganz werthlosen Angaben tritt
als wirklich neuer Bestandtheil in dem Fragmente ein Bericht
über das Erscheinen der Sibylla hinzu. Dass derselbe nicht von
Nicolaus erfunden ist, kann man besonders aus der Mittheilung
der von der Sibylla gesprochenen Verse ersehen. Wie wenig
das Erscheinen der Sibylla mit der sonstigen Erzählung zu thun
hat, lässt sich daran erkennen, dass Nicolaus die Freilassung
des Krösus doppelt motivirt, nämlich zuerst mit dem Befehle
der Sibylla und hinterher mit dem Regenguss des Apollo. Um
die Uebervollständigkeit in der Motivirung nicht gar zu augen-
fällig zu machen, erzählt Nicolaus, dass Cyrus bei dem Auftreten der Sibylla den Krösus sofort freilassen wollte, aber von
den Persern so lange daran verhindert wurde, bis Apollo mit
seinem Unwetter dazwischen trat. Anlass zur Entstehung der
Geschichte von dem Eingreifen der Sibylla gab wohl die Er-
wägung, dass die Perser im Begriffe standen, das heilige Feuer
durch Verbrennung des Krösus zu verunreinigen, denn darauf
führt die am Schluss der Erzählung gemachte Aeusserung τόν
γε μὴν Ζωροάστρην, Πέρσαι ἀπ᾽ ἐκείνου διεῖπαν, μήτε νεκροὺς καίειν,
μήτ᾽ ἄλλως μιαίνειν πῦρ, καὶ πάλαι τοῦτο καθεστὼς τὸ νόμιμον
τότε βεβαιωσάμενοι. Um zu bestimmen, welche Quelle es gewesen

ist, die dem Nicolaus von der Errettung des Krösus durch die Sibylla berichtet hatte, liegt ein Anhalt in unserer Ueberlieferung wohl kaum vor. An Xanthus zu denken haben wir umsoweniger Grund, da wir gar nicht wissen, ob derselbe überhaupt von der Scheiterhaufenscene in seinem Geschichtswerke erzählt hatte.

Für die alten Schriftsteller, welche von der Scheiterhaufenscene erzählen, hat Herodot's Darstellung, wie wir gesehen haben, als Grundlage gedient. Die Unmöglichkeiten derselben haben sie entweder wie Plutarch durch Streichung oder wie Nicolaus durch Umänderung beseitigt; im Uebrigen aber halten sie an ihrer Richtigkeit ganz unbedenklich fest. Auch in neuerer Zeit ist man meistens der Ansicht, dass die Scheiterhaufenscene irgend einen historischen Kern enthalten müsse, und sucht diesen zu gewinnen, indem man das Anstössige aus derselben entfernt. Für ganz besonders anstössig hält man nach dem Vorgange des Nicolaus die Verunreinigung des heiligen Feuers durch einen Bekenner der Lehre Zoroaster's. Daher wurde Rochette zu der Hypothese geführt, dass die Absicht des Verbrennens nicht von Cyrus ausgegangen sei, sondern von Krösus selbst (vgl. Mémoires de l'inst. 1847, T. XVII, 2, S. 271 ff.). Die Hypothese Rochette's hat viele Vertheidiger gefunden, z. B. E. Curtius, Stein, und vor Allen Duncker. Letzterer führt noch einige andere Beispiele von semitischen Königen an, die sich nach der Niederlage selbst verbrannt hatten, und führt dann IV, 330 f. in folgender Weise fort: „Dass es sich um ein Opfer, nicht um eine Hinrichtung handelte, beweist auch der Umstand, dass Krösos von zweimal sieben Jünglingen begleitet wird. Vierzehn Jünglinge herauszugreifen und hinrichten zu lassen, konnte Kyros nicht in den Sinn kommen; wohl aber konnten sich diese mit ihrem Könige für Lydien opfern wollen. Dem Adar Sandon, d. h. dem zürnenden Sonnengotte, gehörte der siebente Planet, und Krösos hatte vierzehn Jahre auf dem Throne gesessen. Ebenso bestimmt zeugen die Gaben, welche die Weiber der Lyder auf den Holzstoss tragen oder tragen lassen (kostbare Gewänder und Schmuck aller Art, wie es bei den grossen Opfern des Sandon üblich war), für ein Sühnopfer; das ganze Volk sammelt sich um den Holzstoss, Krösos besteigt diesen im Königsschmuck. Auf jenem Wandgemälde von Pompeji trägt

Krösos Lorbeerzweige um das Haupt, ein Lorbeerreis in der Rechten. er ist damit, wenn auch in griechischer Weise, als dem Sandon geweiht bezeichnet. und ein Vasenbild im Louvre zeigt ihn auf dem Holzstoss sitzend. im Königsgewand, den Lorbeerkranz um das Haupt, das Scepter in der Linken. mit der Rechten aus einer Schale spendend, während ein Opferdiener den schon brennenden Holzstoss mit Weihwasser besprengt. Aber der Sonnengott wollte das grosse königliche Selbst- und Sühnopfer nicht annehmen. Es war schon kein günstiges Zeichen, dass an jenem Tage trübes Wetter war ($\chi\epsilon\iota\mu\acute{\omega}\nu$). wie Nicolaus, hier wohl Xanthos dem Lyder nacherzählend, berichtet, jedoch kein Regen. Der Scheiterhaufen wurde entzündet: Krösos betete, dass Sandon das Opfer gnädig annehmen möchte, — die Anrufung des Gottes unter Thränen durch den Krösos führt Herodot auf die Angabe der Lyder zurück -- aber statt der Erhörung bricht ein Regenwetter los, das die Flammen des Scheiterhaufens auslöscht. Das war ein untrügliches Zeichen, der deutlich ausgesprochene Wille des Gottes. dass er das Opfer nicht annehme, nicht wolle. Krösos musste von seinem Vorhaben abstehen“.

Was auf Duncker's Ausführungen zu entgegnen ist. dürfte etwa Folgendes sein:

1. Die als Stütze für die Hypothese beigebrachten Angaben sind eines Theils nicht stichhaltig, und beweisen anderen Theils nicht das; was sie beweisen sollen. Die Gaben der lydischen Frauen haben, wie wir oben gesehen haben. nur in einer Erfindung des Nicolaus ihren Grund. Dasselbe gilt auch von dem trüben Wetter, welches vom Morgen an geherrscht haben soll. Die ursprüngliche Quelle wusste nur von einem Regen aus blauem Himmel und an diesen allein hat man sich zu halten. Von den vierzehn Lydern, welche mit Krösus zusammen den Scheiterhaufen bestiegen, berichtet allerdings nicht nur Nicolaus, sondern auch Herodot; von lydischen „Jünglingen“ aber hat Letzterer nicht gesprochen: denn unter den $\Lambda\nu\delta\tilde{\omega}\nu$ $\pi\alpha\tilde{\iota}\delta\epsilon\varsigma$ sind nicht lydische Jünglinge zu verstehen, auch nicht einmal lydische Kinder, sondern geborene Lyder, wie dies aus 1, 27. $\dot{\epsilon}\lambda\vartheta\epsilon\tilde{\iota}\nu$ $\dot{\epsilon}\pi\grave{\iota}$ $\Lambda\nu\delta\tilde{\omega}\nu$ $\pi\alpha\tilde{\iota}\delta\alpha\varsigma$ $\sigma\grave{\nu}\nu$ $\ddot{\iota}\pi\pi o\iota\sigma\iota$ deutlich zu erkennen ist. Wenn nun erzählt wird, dass Cyrus nach seinem Siege vierzehn Lyder herausgriff, um sie mit Krösus zusammen verbrennen zu lassen. so ist dieses für die Selbstverbrennung des

Krösus natürlich kein Beweis. Es ist in ähnlicher Weise erdichtet, wie z. B. in der Ilias Ψ. 175 gedichtet ist, dass Achilles zwölf Trojaner mit der Leiche des Patroklos zusammen verbrennen liess. Dass es gerade zweimal sieben (δὶς ἑπτά) Lyder waren, die Cyrus herausgriff, wird derselbe Erzähler erfunden haben, welcher den Krösus zweimal sieben Jahre und zweimal sieben Tage regieren und fünfmal sieben Jahre alt zur Regierung kommen liess. Auch aus den Bildern in Pompeji und im Louvre lässt sich der Schluss auf eine Selbstverbrennung des Krösus nicht ziehen. Wir können nur sagen, dass man den Krösus durch den Lorbeer als zu Apollo betend auf dem Bilde kennzeichnen wollte und ihn der noch grösseren Deutlichkeit halber zu dem Gebete gleich noch ein Opfer hinzufügen liess. Ob dieses sehr tactvoll war, ist eine Frage für sich, indess ist andererseits auch nicht abzusehen, was für einen Zweck beim Selbstopfer die Opferschale eigentlich gehabt hätte. In dem Opferdiener, der den schon brennenden Holzstoss mit Weihwasser besprengt, wird man bei genauerer Betrachtung wohl nur einen gewöhnlichen Perser erkennen, der nicht Weihwasser, sondern allein schlecht Wasser zur Hand hat und damit den schon brennenden Scheiterhaufen auf Befehl des Cyrus zu löschen beginnt.

2. Die neu hergestellte Geschichte von der Selbstverbrennung des Krösus hat an Glaubwürdigkeit im Ganzen nur wenig gewonnen. Vor allen Dingen ist uns mit der Annahme, dass schon vom frühen Morgen an der Himmel mit Wolken bedeckt war, eigentlich gar nicht geholfen, da doch in diesem Falle Krösus und Cyrus in dem Regen ein besonderes Wunder, durch das Apollo seinen Willen kundthue, unmöglich hätten erblicken können. Wie es also zuging, dass Krösus den Scheiterhaufen wieder verliess, bleibt auch bei der neuen Gestalt der Erzählung völlig unerklärt.

3. Duncker hätte noch mit einigen Worten andeuten müssen, wie aus seiner Erzählung die des Herodot hätte hervorgehen können, da dieses doch nichts weniger als leicht erkennbar ist. Meiner Ansicht nach würde man bei der Erzählung von der Selbstverbrennung des Krösus einfach stehen geblieben sein und sie höchstens etwas ausgeschmückt haben, aber um sie völlig umzugestalten, hatte man sicherlich keinen Grund.

4. Wenn Duncker in den uns erhaltenen Darstellungen von der Scheiterhaufenscene nur Umgestaltungen der von ihm angenommenen Opfergeschichte sieht, so behauptet 'er damit implicite, dass sie sämmtlich auf einer einzigen Quelle beruhen, und dazu noch auf einer Quelle, welche ihre Ueberlieferung mit unerhörter Willkür gehandhabt hätte. Unter diesen Umständen drängt sich die Frage auf, mit welchem Rechte man diese Quelle stillschweigend über Ktesias stellt. Zwar müsste sie, wenn sie sowohl dem Herodot, als auch dem angeblichen Xanthus bei Nicolaus Nachrichten gegeben hätte, in Lydien selbst ihren Ursprung haben, aber dass ihr das zur Empfehlung gereichen würde, ist damit noch nicht gesagt. Denn gerade die Lyder hatten die Geschichte ihres Krösus, wie man aus Herodot sieht, so sehr in's Fabelhafte und Wunderbare gezogen, dass ihnen (ähnlich wie den römischen Annalisten) der wahre Sachverhalt darüber schon ganz entschwunden war. Ktesias aber hat nach guten persischen Quellen erzählt und auch speciell über den Untergang des lydischen Reiches einige recht brauchbare Notizen gebracht.

Nach Beseitigung der Hypothese von der Selbstopferung des Krösus sehen wir uns von Neuem vor die Frage gestellt, ob aus der Scheiterhaufenscene irgend ein historischer Kern zu gewinnen ist oder nicht. Bei der Beantwortung dieser Frage darf. glaube ich, der Umstand, dass Krösus als gottgeliebt galt, nicht unberücksichtigt bleiben. Nach Herodot hielt man den Krösus deswegen für gottgeliebt, weil er in wunderbarer Weise errettet war; richtiger wird es aber wohl sein, die Sache umzudrehen und zu sagen, dass man deshalb, weil man den Krösus für gottgeliebt hielt, die Geschichte von seiner wunderbaren Errettung erfunden hat. Lehrs hat nämlich in seiner unter den Populären Aufsätzen befindlichen Abhandlung „Ueber Wahrheit und Dichtung in der griechischen Litteraturgeschichte" gezeigt, dass man es liebte, die Vorstellung von der Gottgeliebtheit eines Menschen in Anekdoten derart zum Ausdruck zu bringen, dass man ihn von einem drohenden gewaltsamen Tode durch Eingreifen der Gottheit in wunderbarer Weise errettet werden liess. Genau derselbe Fall liegt hier mit Krösus vor: es hat bei der Erdichtung der Scheiterhaufenscene ganz dasselbe ethische Motiv gewirkt, wie z. B. bei der Erdichtung der Seefahrt des Dichters

Arion; und wir können daher die Frage, ob Krösus wirklich
den Scheiterhaufen bestiegen hat und durch einen Regenguss vom Feuertode errettet ist, getrost mit der Gegenfrage
beantworten, ob Arion wirklich die Seefahrt von Tarent nach
Tänaron gemacht hat und auf dem Rücken eines Delphins
an das Land gerettet ist. Lehrs hat sich bei der Beantwortung
dieser Frage folgendermassen geäussert: „Nun können wir
ungehindert und ungetäuscht durch das falsche Lied die
Frage aufstellen: was muss man von dieser Geschichte als
Wahrheit behalten? und die Antwort ertheilen: Nichts. Auch
nicht die gefährliche Seefahrt? Mit Sicherheit aus dieser
Geschichte auch nicht einmal eine Seefahrt. Aber eine Veranlassung muss die Sage doch haben. Ja, eine ethische Veranlassung und ethischen Ursprung muss sie haben; dass sie
auch einen historischen haben müsse, muss ich leugnen. Und
diese ethische Veranlassung liegt in den drei Erzählungen,
die ich absichtlich zusammenstellte, von Arion, Ibykus und
Simonides, wie mich dünkt, deutlich genug vor Augen und in
allen dreien ein und dieselbe. „„Die Dichter stehen im besonderen und vorzugsweisen Schutze der Götter.““ Das ist auch
uns verständlich. Aber nicht immer sind die Zeiten, wo das
mit einer Lebhaftigkeit, Innigkeit und ich möchte sagen Heiligkeit
gefühlt wird, dass sich's in die Sage verkörpert: nicht immer
hat der Körper poetische Gestalt genug, um für immer an-
sprechend zu sein.“ Lehrs lässt nun einige vortreffliche Bemerkungen über die Stellung der Dichter bei den Griechen
folgen und führt dann nach einer Seite mit folgenden Worten
fort: „Wie viel nun, wenn sich einmal die Sage verräth, Thatsache bleibt, kann nie, wenn nicht andere Zeugnisse hinzukommen,
gewusst werden. Zwar ist es natürlich und ist auch oft geschehen,
dass sie dabei an irgend ein Factum, das sonst aus dem Leben
der betreffenden Person gangbar oder beglaubigt war, anknüpfte
(bei Dichtern manchmal an ein Gedicht); allein welches eben
dies Factum sei, wie weit es reiche, kann nie gewusst werden;
ja nothwendig ist es überhaupt nicht.“ Nach den Worten von
Lehrs kann es mir natürlich nicht einfallen, den Einzelheiten
bei der Erdichtung der wunderbaren Errettung des Krösus auf
die Spur kommen zu wollen, indessen darf ich wohl, um die
Möglichkeit einer reinen Erfindung in unserem Falle auch zu

9

veranschaulichen, an einem Beispiele zeigen, wie es hätte zugehen können, dass man gerade auf den Scheiterhaufen verfiel. Man hat nämlich in alter Zeit nicht nur in Griechenland, sondern z. B. auch bei den biblischen Völkern viel Spielerei damit getrieben, dass man im Falle einer Wiedervergeltung durch die dabei zur Anwendung gebrachten Mittel an den Grund zu derselben erinnern liess. So wurde z. B. nach Herodot I, 11 Kandaules von derselben Stelle aus ermordet, von der aus er seine Gemahlin dem Gyges nackend gezeigt hatte, und nach III. 64 Kambyses an derselben Stelle tödtlich verwundet, an der er den Agis früher erstochen hatte (vgl. auch Plut. Thes. 11). Wenn nun Apollo dem Krösus seine Liebe damit bewies, dass er ihn. von dem brennenden Scheiterhaufen errettete, so sollte damit vielleicht daran erinnert werden, dass Krösus die Liebe des Apollo damit gewonnen hatte, dass er nach Herod. I, 50 eine Menge der kostbarsten Gegenstände zu einem grossen Scheiterhaufen aufschichtete und ihm zum Opfer verbrannte. Dass gerade in dieser Weise die Scheiterhaufenscene entstanden sei, liegt mir, wie gesagt, zu behaupten sehr fern; es kommt mir aber beim Vorführen dieser Möglichkeit darauf an, an einem Beispiele, wie man deren mit gleichem Rechte gewiss mehrere würde aufstellen können, zu zeigen, dass der Scheiterhaufen auch ohne thatsächlichen Anhalt in die Geschichte von Krösus hineingekommen sein könnte, und dass also jeder Versuch, aus Herodot's Erzählung feste Thatsachen zu gewinnen, auf gar nicht festem Boden steht.

Nachdem Cyrus den Krösus begnadigt hatte. wies er ihm nach Ktesias und Justin I. 7, 7 nahe bei Ekbatana eine grosse Stadt Namens Barene zum Wohnsitz an. In der Stadt lag eine Besatzung von 5000 Reitern und 10,000 Mann anderer Truppen, die wohl aber nicht als Ehrenwache für Krösus, sondern nur als Sicherheitswache bestimmt war. Bei seinen Kriegszügen nahm Cyrus den Krösus stets in sein Gefolge auf. Dass er dies der grösseren Sicherheit halber that, hat schon Xenophon Cyrop. VII, 2, 29 richtig erkannt. Herodot bringt über die Erlebnisse des Krösus in der Umgebung des Cyrus noch eine Reihe von Angaben. die er aber alle nur seiner schlechten lydischen Quelle entlehnt. Er erzählt nach derselben I. 155 und 156, dass Krösus den Cyrus nach Unterdrückung des

Aufstandes der Lyder von der beabsichtigten Zerstörung von Sardes zurückhielt und ihn statt dessen veranlasste, die Lyder zur Vermeidung weiterer Aufstände lieber systematisch zu verweichlichen, indem er sie weibische Tracht anlegen und ihre Kinder zum Musiciren und zum Handeltreiben erziehen liess. Wer diese Geschichte erfand, hatte sich von dem Contraste der in der Perserzeit lebenden Lyder mit den alten Lydern unter Krösus sehr übertriebene Vorstellungen gemacht und stand daher den Zeiten des Krösus wohl schon sehr fern. Nach der Wiederunterjochung Lydiens lässt die lydische Quelle den Krösus mit Cyrus zusammen gegen die Massageten ziehen, vgl. Herod. I, 205—208 und 211—214. Sie zeigt sich auch hier wieder als ganz werthlos und lässt den Krösus dem Cyrus Rathschläge ertheilen, die unglaublich einfältig sind. Nichtsdestoweniger hat Herodot zu ihr wieder so viel Vertrauen, dass er ihr am Schluss des 214. Capitels vor seiner besseren Quelle, der er früher gefolgt war, ausdrücklich den Vorzug giebt. Recht charakteristisch für die lydische Quelle ist die c. 208 gemachte Angabe, dass Cyrus beim Beginn des Kampfes den Krösus dem Kambyses überlieferte und diesem auftrug, ihn in Ehren zu halten und stets gut zu behandeln. Dem Krösus selbst aber soll Cyrus nach III, 36 aufgetragen haben, den Kambyses zur Ordnung zu bringen und ihm mit seinen guten Rathschlägen stets zur Seite zu gehen. Dass Krösus mit Kambyses nach Aegypten mitziehen musste, dürfte als sicher zu betrachten sein, da Herodot es nicht nur nach lydischer Quelle erzählt, sondern III, 14 auch ausdrücklich mit den Angaben der Aegypter belegt. Nach lydischer Quelle erzählt Herodot im dritten Buche von zwei verschiedenen Gesprächen des Krösus mit Kambyses. Das eine ist c. 34 in eine aus anderer Quelle entnommene Geschichte eingeschaltet und hat folgenden Inhalt: Als Kambyses an seine Umgebung die Frage richtete, ob er grösser oder geringer sei, als Cyrus, erhielt er von den Persern die Antwort, dass er grösser sei, da er noch Aegypten und das Meer hinzugewonnen habe: nur Krösus antwortete ihm, dass er seinem Vater nicht für gleich geachtet werden könne, da er nicht einen solchen Sohn hinterlasse, wie er selbst sei. In dem zweiten Gespräche, das c. 36 mitgetheilt wird, macht Krösus dem Cyrus Vorstellungen über seine Grausamkeit, wird dabei aber mit grösster Schroffheit von ihm abgewiesen. Er sollte sogar auf Befehl des Kambyses sofort getödtet werden, wurde aber durch dessen Diener so lange am Leben erhalten, bis sich bei Kambyses die Reue über seinen Befehl wieder einstellte. Dass Krösus würde gewagt haben, dem Kambyses väterliche Vorstellungen zu machen, dürfte sich wohl sehr bezweifeln lassen, aber trotzdem können die Angaben über den Hinrichtungsbefehl und dessen Zurücknahme doch immer noch richtig sein. Sie gehören zwar in die lydische Quelle, aber andererseits spricht wieder empfehlend für sie, dass sie zu den Intentionen derselben schlecht passen, da sie doch keineswegs zur Verherrlichung des Krösus dienen.

Ueber die letzten Schicksale und den Tod des Krösus liegen in unserer Ueberlieferung keine Angaben mehr vor.